往生要集入門

悲しき者の救い

講談社学術文庫

はしがき

念仏は、智慧の浅い愚かなひと、努め励む力の欠けたひと、罪深いひとのために説かれる。みずからの智慧高才を認め、努力に努力を重ねる能力を自負し、善行を迷わず行なえるひとには、念仏は、あるいは不要かも知れない。そのようなひとには、また相応の道があろう。自力聖道《じりきしょうどう》といわれたものは、そうしたひとに適した教えとされて来た。

しかし智慧乏しく、みずからの力のつたなく、ともすれば愚かにも罪のみを重ねるようなひとには、能力のすぐれたひとに相応《ふさわ》しい道は歩けない。目が見えない、足が不自由なものにとって悪路の歩行が困難であるように、なにかにつけて力の劣った、悲しいものには、他から差し伸べられる救いの手が必要なのである。それがなければ、ついに一歩も歩くことができないものだっている。それを世の無用者、足手まといとして置き去りにする権利はだれにもない。

また、何とかして、出来る範囲のことはして、手を貸そうとする一片の人情はだれにもあろう。救いの手を差し伸べることはまた誇らしい心とまではいかなくても、それでも、かすかながらも、喜びを与える。時には共に励まし合い、力づけ合って、喜びを共にすることもできる。しかしそうした救いの手は余りにも力が弱いのではないか。たとい、どんなに勝《すぐ》れたひとでも、その手が差し伸べる救いの力には限界がある。それが一切の智慧を傾け、全身全霊を打ちこんでなされるものであっても、たかだか、百人、千人を対象にできるに過ぎないし、また長い時間にわたって持続できるものでもない。世の慈悲救済といったものは、その程度のものであり、これはどうしようもない堅い大きな壁なのである。個人の救いは、救いそのものとしては尊く、願わしいものであるけれども、救いに思いを深めれば深めるほど、どうにもならない無力感を味わうほかないであろう。救いの手を待つひとと同じように、救いの手を伸べるひとも、やはりみずからの力無さに思い至る。誇らしげな喜びがあったとすれば、悔いが心を責めるに違いない。かれもまた、救いを必要とする悲しいひとにほかならない。

してみれば、教えるものも教えられるものも、導くものも導かれるものも、ともに力づけ励ましあって、嶮《けわ》しい岩場をたがいに助けあって登攀《とうはん》する登山者のように、いつまでも念仏をよすがとして助けあっていかなくてはならない。このような助けあいはおたがいの心を親しませ近づけ、心を許しあわせるようになる。ともに道を行くひとと同じように、この信仰を等しくしたひとたちも「同行《どうぎょう》」と呼ばれるが、念仏のひとこそはその名にもっともふさわしい。仏の救いの慈悲を仰いで、差し伸べられた念仏をたよりに、慎ましく謙虚に、はげましあっていく念仏者は、おたがいの同行であるとともに、仏とともに道行く同行である喜びにあふれる。仏もまたこのひとたちと一緒に歩いている。二人と思えば、三人なのである。

このとき、念仏者はこの現実を正しく生きぬく力をうる。仏とともに道行くものが、この日々の生活を疎かにすることはできない。一日一日をもっとも意義あるものに生かさなければならない。仏はその力を与えられているのだから。愚かで力なく、ともすれば道をあやまるものも、念仏者としての自覚にめざめるとき、新たな生命に蘇《よみがえ》る。それこそは仏の不思議というほかないであろう。

さて、ここに扱うものは、日本浄土教の黎明において他の追従を許さない巨歩を示した源信の『往生要集』三巻である。源信はこのなかで、念仏の教えを示し、ともに手をとって歩く念仏者の道を語った。それはいまも生き生きと呼びかけるものをもっている。そこにこめられた精神的遺産は、そのままでじゅうぶん今日の心の支えとすることができるものである。それをこれから汲み取っていこう。

目次

往生要集入門

悲しき者の救い

第一章　『往生要集』の成立

浄土教の黎明

阿弥陀仏の信仰は早くから行なわれた。智光曼荼羅《ちこうまんだら》とか当麻曼荼羅《たいままんだら》などといった、阿弥陀仏の浄土のすがたを描いたり、織りあげたりしたものは、奈良時代における浄土信仰を象徴するものであるし、平安時代になると、天台宗によって常行三昧堂《じょうぎょうざんまいどう》という修行道場が造られ、常行三昧と称する念仏の修行法がさかんに行なわれるようになった。したがって浄土信仰は、奈良の旧仏教においても、また新来の天台・真言にしても、その信仰形態に差異はあるが、等しくそれぞれの宗教の傍に随伴して行なわれたものである。そしてこれが浄土宗という一宗となって独立するまでは、その属する宗の教義に左右されたのは当然であり、またそこに越えられない一線があったこともやむをえない。しかしそれでも、宗の教義の枠のなかで最大限に浄土の教義を整理し純化して、その信仰が目標とした世のひとの救いを、広く実践の場にまで引きおろす努力がなされる必要があった。そしてそれは、天台宗においてとくに顕著なものがあった。

天台宗では、浄土信仰は早くから行なわれた。宗祖最澄（七六七―八二二年）においてすでにそれが認められるが、とくに重視されることは、円仁（七九四―八六四年）によって、承和十五年（八四八）、常行三昧堂が建立され、『摩訶止観《まかしかん》』による常行三昧法が行なわれたことである。この三昧の方法については後にも触れなければならないから、詳しいことはそれに譲るが、とにかくこれによって、阿弥陀仏を本尊としてその周囲をまわりながら、口に念仏を称《とな》え、心には仏のすがたを観想する、という念仏法がここに定着したのである。しかもそれより少し遅れて、仁寿元年（八五一）には、中国の五台山で用いられていたといわれる念仏法によって、この常行三昧が行なわれ、さらに円仁の没後、貞観七年（八六五）八月、かれの遺命によって不断念仏も行なわれるに至った、と伝えられていることは、注意されるところである。というのは、五台山の念仏法がもし法照の『五会《ごえ》念仏略法事讃《ねんぶつりゃくほうじさん》』に示すような五会念仏の流れをうけたものだとすると、それはきわめて音楽的な念仏法だったにちがいないからである。そしておそらくそうしたものであったのか、かれの伝えたこの念仏法は「引声念仏《いんぜいねんぶつ》」と呼ばれた。こうして円仁以来、常行三昧堂における念仏は、純粋に修行的な性格をもった、三昧としての念仏法と、音楽的儀式的な性格の念仏法とを併行させることになったのであろう。そしてこの音楽的儀式的な念仏が不断念仏として、八月の十一日より十七日まで、七日七夜にわたって行なわれ、「山の念仏」と呼ばれるようになったのである。

この「山の念仏」は、後に常行堂が各地の天台寺院に付属して造られるようになって、広く行なわれ、後には一般にも不断念仏と呼ばれて普及するに至っているが、修行としての常行三昧も、三昧のなかの代表的な修行法として、他に抜きんでて用いられるようになったことは、天禄元年（九七〇）の「二十六箇条」によって知られる。したがって念仏は、徐々に天台宗の教学から独立して浄土教的契機を高めて行くことになったのである。

しかしこのような実践法としての念仏の盛行と相俟《あいま》って、ここで注意しなければならないのは、念仏の教理的な組織化であって、この点がまがりなりにも意図されたのは、良源（九一二―九八五年）の『極楽浄土九品往生義』である。ただかれは『観経《かんぎょう》』のなかから、とくに浄土に生まれるひとの九つの階位（九品）の差を説いた部分を取りあげて、これに注釈を加えるという方法を取ったから、天台宗における本来の修行法と念仏との融合関係は、まったく示されていない。しかしそうした制約のなかで、かれは口に称える念仏を強調し、臨終の念仏を心静かに行なうことによって浄土に生まれることを説いた。そしてそれぞれの念仏と関係したさまざまな修行のあり方によって、九つの差があって、おのずから浄土への生まれ方や、浄土での差異も生じてくることを論証したのである。

ところで良源が『観経』を取りあげたように、かれとほぼ時を同じくした千観《せんかん》（九一八―九八三年）の『十願発心記』にしても、禅瑜《ぜんゆ》（九一二―九九〇年）の『阿弥陀新十疑』にしても、また『日本往生極楽記』をかいた慶滋保胤《よししげのやすたね》（一〇〇二年没。後に出家して寂心《じゃくしん》と改めた）の『観経十六想観』にしても、その著の性格を異にしながら、ともにその念仏思想の依りどころとして『観経』を取りあげたことは注目される。したがって、ここでは『観経』による、その経が説く「日想観」（日没の太陽に想いをかけてそのすがたを心に描きつつ、西方極楽を思うもの）にはじまる十六種の観想が中心となり、それと併用して称名の念仏を行なうことを考えたことが推察される。

しかしこれらの著述は、それが扱った部分的な制約にもよるが、ほぼ先行の、中国天台宗の開祖智顗《ちぎ》（五三八—五九七年）の『観経疏《かんぎょうしょ》』・『浄土十疑論』（実はともに擬書の疑いがある）によって影響され、それに足場をすえて念仏の在り方を説くという段階に留まっていたことを知らなくてはならない。ここに一段と広い視野に立って、天台宗本来の教義との融合もはかりながら、浄土に生まれるための念仏はどのようなものでなければならないか、という命題に答えるものの出現がまたれることになる。そしてこうした時代の要請に応えるものとして、良源の弟子、源信（九四二—一〇一七年）によって『往生要集』が書かれることになったのである。

宿業観

しかし浄土思想一般として、このような思想の整理が求められるようになるには、また別の社会的な要素が考えられる。

そこには、広くは社会全体が置かれていた政治経済的な不安定が大きくはたらいていたことは当然であるが、もっと身近かに切実に感じとられていたものは、無常感であったと思われる。「川原《かはら》には死人もふせり」（『かげろふ日記』）といわれるように、鴨の川原には放棄された死体が累々として腐るにまかされていた現状であるし、病者や死者はいたるところ路傍に放置されていたのである。したがってどんな堂上貴族も、いやでもおうでも、現実のあさましい無常のすがたから眼を覆うことはできなかった、といわなければならない。死はひそかに人目に立たないところで、しめやかに悲しまれたのではなくて、露骨にむきだしのままですべてに突きつけられていた、といってよい。

しかもこうした現実のすがたに加えて、ひとは仏教の教えに導かれて、みずからの過去世の行為（宿業）の集積が一切を支配し、それをどうすることもできない、と知るようになった。「宿世《すくせ》」といった言葉がこのことを語ると思われるが、身動きできない決定的な力が眼に見えない縄となって固く縛りつけている、と見たのである。そしてここから自動的に、みずからの罪をふりかえってみる罪業観《ざいごうかん》が定着するようになる。

しかし過去に犯した罪の集積は、経典を読んだり、加持祈禱《かじきとう》を行なうことによって、はたして消えるだろうか。さまざまな功徳《くどく》が積み重ねられても、現実の生活は一進一退するだけで、その功徳の現証《げんしょう》はえられない。これらの功徳が現世の利益を与えないとすれば、望みを現世に託することはもはや無意味である。むしろ来世を保証する念仏によって、この過去の悪業のきずなと現世のそれとを断ち切るほかはない。滅罪を説いた経典の力も、ついに罪の一切を現実に断ち切った証拠を見せることはできないからである。ここに浄土に生まれて仏となることを約束する念仏が、最上のものとして取りあげられてくるようになる。

念仏を受けいれる当時の状況としては、このほかにも、例えば末法《まっぽう》といった時代観を予想することができる。しかし、これが当時のひとの心をどの程度強く捉えていたか、あまり明確ではない。この思想はむしろ源信を遠くくだって、末法に突入（永承七年、一〇五二）した以後になって大きく作用するようになった、と見る方が穏当であろう。

源信の生涯

ここで簡単に源信の生涯についてふれて置こう。

源信は天慶五年(九四二)、大和国葛木下郡当麻《たいま》(いまの奈良県北葛城郡当麻村〔二〇〇四年から葛城市〕)に生まれた。父は占部正親、母は清原氏の出と伝える(別伝には、「卜部、大和葛木郡」と記す)。当麻の地は当麻寺でその名があるが、この寺は中将姫が蓮の糸で織ったと伝える、『観経』による浄土変相の「当麻曼荼羅」を蔵することでとくに著名である。また母は特信のひとであった、と伝えるから、かれは幼くして、豊かな浄土信仰のなかに育まれた、と考えられる。しかも、かれの生まれた天慶という年は、かの市聖《いちのひじり》とも阿《あ》弥陀聖《みだのひじり》とも讃えられた空也《こうや》が世に広く念仏を勧めたころで、慶滋保胤が書いた『日本往生極楽記』にも、「天慶以前は道場においても聚落においても、念仏三昧を行なうことはまれであった。まして世の愚かな男女は多くこれを忌み嫌いさえしたものであるが、上人《しょうにん》が世にでて、みずから念仏を唱え、ひとにもこれを唱えさせるようになって、以後は世を挙げて念仏が行なわれるようになった」と伝えている。時代はようやく大きく旋回して、念仏が広く滲透しはじめたころであったことがわかる。

かれは九歳にして比叡山に登ったといわれる。そしてそこで、天台中興の祖と仰がれる良源(元三《がんざん》大師と称せられ、後の慈眼《じげん》大師天海と並称して両大師ともいわれる)を師とする幸運に恵まれたから、天性の資質はここに磨かれ、天台の教学を修めて、仏法の棟梁としての名声をうたわれるようになった。なかでも天延元年（九七三）、源信が三十二歳のとき、法会《ほうえ》に際して、提出された問題にたいして解答を与える広学竪義《こうがくりゅうぎ》の役を与えられ、問答の結果、その華々しい名声をとどろかせるに至ったことや、天元元年（九七八）、三十七歳のとき、法華会《ほっけえ》の竪義に預かったひとの用意のためにかいたものが『因明論疏四相違略註釈』三巻であったといわれることは、かれの華やかな活躍の一端をうかがわせるものであろう。

ところが、かれはこのような名声にもかかわらず、これに訣別を告げて、間もなく横川《よかわ》の山間に隠棲した。いつのころか、年代は明らかではないが、隠棲の動機については、かれが布施《ふせ》によってえた品物を母に贈ったとき、年老いた母が、世俗の名利になじんだ学生《がくしょう》であるよりは、多武峯《とうのみね》にかくれた清貧の増賀聖《ぞうがひじり》のようであってほしい、と返事を書き送ってきたことが、伝えられている。

こうしてかれは名利を求めることを払い捨てて、横川に隠棲し、そしてその後なん年かたって、永観二年（九八四）十一月、筆を起こして、翌年四月書き終えたのが『往生要集』三巻である。僅か六か月に満たない期間に、この著が執筆されたのは、隠棲後、想いをここに潜めて、準備のためのノートがなされていたからであろう、と推測されるが、かれが引用した典籍は百六十数部、引用文は九百を超えていることは、かれの該博な学識をよく語っている。そしてこの書は、執筆後、いつのことか明らかではないが、宋から来た周文徳というひとの手に託して、天台の国清寺《こくせいじ》に収められ、かの地の有縁の僧俗男女五百人が浄財を投げだして、この書の供養のために廊屋五十間を美しく飾ることになったようである。このことは

『往生要集』の末尾に収録された宋の商人、周文徳の手紙に語られている。

その後寛和二年（九八六）五月、後に詳しく述べるように、禅満《ぜんまん》以下、志を等しくした二十五人の発起人に、源信や花山法皇たち十八人を加えた、二十五三昧会《にじゅうごさんまいえ》とよばれる念仏同心の集まりが結成された。そしてしばらく遅れてその規約を定めた『二十五三昧起請《きしょう》』が作成された。浄土を願う同信のひとが、毎月十五日相会して念仏を行ない、臨終にはたがいに導きの友となって念仏を励ますよう、約束したもので、八か条からなっているが、これはその後、永延二年（九八八）源信によって書き改められ、十二か条に整理された。また作成の年次ははっきりしないが、おそらく『起請』と前後して作られたと推察されるものに『二十五三昧式』があり、これにはこの集まりの進め方がきめられている。この結社の同心のひとは、後の長和二年（一〇一三）に書き始められた『楞厳院《りょうごんいん》二十五三昧結衆過去帳』（宮内庁蔵本）によると、五十六人にのぼっているが、源信はこうした同心者たちと、迎講《むかえこう》を行ない、二十五菩薩が臨終に仏とともにお迎えにくることになぞらえた、といわれる。この法会は後に盛んに行なわれるようになる。

源信は長保六年（一〇〇四）、六十三歳のとき、権少僧都《ごんしょうそうず》に任ぜられた。しかしかれはこれを固辞して、その二年後、横川の首楞厳院《しゅりょうごんいん》の東南に花台院《けだいいん》を建ててここに隠れた。かれの恐れたのは、才学や地位による慢心が心をかきみだすことであったからである。このころも迎講を行なって広く念仏の結縁《けちえん》を求めているが、こうした迎講のおりによまれたものであろうか、『六時和讃』、『来迎和讃』などをのこしている。ほぼ晩年の著と推定される『観心略要集』（著作年代ははっきりしない。わずかに「強圉《きょうぎょ》の年、夏五月」とあるのが手がかりで、「強圉」は干支の丁《ひのと》のこと。『往生要集』執筆後、没年までに丁の年は四回ある）も、あるいはこのころ（寛弘四年、丁未。一〇〇七）になったものではなかろうか。この著には『往生要集』の姉妹篇といった性格が見られ、天台教学のうえから念仏を見直したものであって、『要集』には見られない特異な考え方が語られている。また長和三年（一〇一四）、七十三歳の年、源信は『阿弥陀経略記』を残している（源信には天台の学僧としての別の半面がある。著述においては『一乗要決』などはその代表的なものであり、行動としては、霊山《りょうぜん》院《いん》を建てて霊山釈迦講を行なったことはその一例にすぎないが、いまはこれについて述べることを省略した）。

こうして晩年の源信は念仏の日々を送ったことであろうが、七十歳をこえるころから、起居もままならないほど、病になやまされるようになり、身体は日とともに枯渇していった。しかし寛仁元年（一〇一七）に至って、病苦もすっかりおさまり、右脇に身体をおこして静かな時を過ごすようになったが、その年六月には飲食をやめ、臨終の相もあらわれ、九日には五色《ごしき》の糸を手にとって来迎を待つほどになった。そして十日の朝、いつものように食事をとり、糸を手に握って安らかに眠るように永眠した、と伝えられている。七十六歳。

長和二年（一〇一三）正月一日に源信が書いた「願文《がんもん》」によると、それまでかれが行なって来た念仏は「二十五倶胝《くてい》遍」（倶胝は億を意味する）で、そのほかに『法華経』八千巻、『阿弥陀経』一万巻などを含めて、大乗の経典は五万五千五百巻に及び、真言《しんごん》の陀羅《だら》尼《に》も百万遍となえた、ということである。これはかれとしては口に称える念仏を重く見たことをよく語っている。生前、かれがひとに問われて語ったところでは、念仏は浄土に生まれるものとしては、口に称える称名《しょうみょう》でじゅうぶんで、ことさら真実の理法を観想する「理観」の念仏（第四章「正しい念仏」参照）を必要としない、といったというが、先のことと一脈通ずるものである。

さて以上によって、源信以前の念仏思想と源信の生涯について、必要なことは触れたと思うから、次に直接『往生要集』の成立について述べて置きたい。

『往生要集』成立の時点

源信が『往生要集』の執筆を思い立った理由は、自分のような「愚かなもの」にとって念仏だけが仏の救いに与る道であり、さとりへの捷径《しょうけい》である、と知って、その上で、それではどのように行なうのが正しい念仏なのか、それを示して、みずからを含めて、世の念仏者に対する指針としようとしたことにある。このことはかれ自身の語るところから、窺い知ることができるが、しかしこの書が成立した時点や、この書に見られる一部の特異性を考えると、漠然とした念仏者一般を対象に考えて執筆したものではなかったようにも推察される。そこにはある種の集まり、いわば念仏講的な集まりを予想し、その集まりに参加するひとたちを対象とした意図が見受けられるようである。そしてそうした推察を許すものとしては、幾つかのことが考え合わされるのだけれども、その最も注目を引くものは、臨終のそのときまで、たがいに勧め励ましあえる「心の友」（善知識）を持つことが、「念仏の助け」になる、といっていることである。しかもかれは、そうした心の友が臨終の床についたときは、どう慰め、励まし、力づけてやるか、その慰めの言葉さえ記している。これは取り分け重視される点で、その慰めの言葉がかなり長文にわたっていることも、その一つではあるが、わけてもそれがかれ自身の言葉で書かれていることである。こう言うと、源信は『往生要集』を自分の言葉で書いたのではなかったのか、といった奇異の感を与えるかも知れないが、この書の名前がすでに語るように、この書は「集」なのであって、ある一部を除いて、ほとんどは経典や注釈の引用によって、それに託して自分の考えを述べようとしたものなのである。したがって、問答を設けて、答えの部分を引用によって語らせているような場合にしても、問いはかれ自身の問いにみえるが（確かにそのように受け取るのが当然であるが）、実は引用されたもののなかにすでに見られる場合が多いのである。かれは自分の考えを一応表に出しているけれども、それは論述をスムーズに運ぶために、また読者の理解を容易にさせるためにそうしただけで、自分の学問の広さや理解の深さを、みずからの問いのように見せることによって示そうとしたのではない。もし自分の学解を誇ろうとしたのなら、そうした小細工はすぐに明かされてしまうだろう。源信がそれに気付かないわけはない。だから、かれは虚心に引用によって論を進め、素直に「集」の文字を付して、書名としたのである。

　しかし、この慰めの言葉はそうではない。かれはこれをまさに自分の言葉で書き綴っている。そこには、心を許しあった同信の友を実際いま看取《みと》っているような、切々とした心情が吐露されているのを見逃すことができない。それほど濃《こま》やかな、やさしい思いが言葉の隅々にまで溢れているのである。これはいったい、何を語るのだろうか。ただ臨終のひとを力づけ、諭《さと》し、慰める、といった、人情としての当然の姿を示したものに過ぎないのだろうか。いや、そうではない。常人の心情の在り方が当然こうした慰めの言葉となって示される以上は、そうしたものなのだから、こうしたらよい、といった一般論ではなくて、特定のひとが意識されているのである。それが読み取れる。いわば、同信者の繫がりであり、同信の集まりを結んだひとたちを予想させるのである。そして実際、この『要集』の成立した時点も、このような集まりと密接な関係があったことを知らせる。それは、この書が、勧学会《かんがくえ》といわれた集まりの消滅と二十五三昧会と呼ばれた念仏の集まりの結成との中間に位した時点に執筆されたことから、知ることができる。

勧学会の興廃

勧学会は、後に『日本往生極楽記』を書いた慶滋保胤が中心となって主宰した集まりである。伝えるところによると、『往生要集』の執筆を溯る、約二十年ほど前の康保元年（九六四）に結成されたもので、その時のメンバーは比叡山の僧二十人と大学寮の学生二十人とからなり、春秋二季に一回ずつ、三月十五日と九月十五日に、相集まって、法華の講経に始まり、念仏に終わる形をとったらしいが、中間に経に説かれている句や詩をとって漢詩を作るといった、娯楽的な要素も含まれていた、といわれる。したがってこの集まりを知っていたものは、これをもって「仏に見《まみ》えて親しく教えに接する基（見仏聞法の張本）」と見、軽んずるものは「風月詩酒の楽遊」に過ぎない、としたようである。いわば信仰と娯楽が絡み合ったものだったらしい。知識階層に属する僧俗が相集まって、詩会を催し、かたがた浄土の信仰を温め合うといったもの、ということができる。こうしたことは、少し時代は下るけれども、例えば『紫式部日記』のなかに「十一日の暁」という言葉で始まる一段があって、「教化《けうけ》おこなふ所、山寺の作法うつして大懺悔す。しらいたうなどおほうゑにかいて、興じあそび給ふ。上達部《かんだちべ》おほくはまかで給ひて、すこしぞとまり給へる。後夜の御導師、教化ども説相みな心々、二十人ながら、宮のかくておはしますよしを、こちかひきしなことは、たえて笑はるゝこともあまたあり」と記しているのを見ても、推察することができる。中宮《ちゅうぐう》安産を祈る修法《しゅほう》に際してさえ、百塔（日記中の「しらいたう」）などを多く絵にかいて興じたり、宮のことを二十人の僧が次から次と歌謡に仕立てて詠《よ》み、即興の歌に絶句して哄笑される、といった状景が見られたことを知るのであって、法会修法にさえ、このような娯楽的要素の介入を許す余地があったことがわかる。したがって、たとえ詩の題材は経文のなかの句ではあっても、詩を作ること自体はこうした知識人たちにとっては慰安と娯楽に通じたものであった、と見ることができる。まして一年に僅か二度の会合である。同じ浄土の信仰を抱くもの同士の集まりとはいっても、旧交を温め合い、詩を作り酒を飲んで歓談に時を過ごすことが主体となるのは当然であるし、信仰を同じくするということも、今日のような状況とは異なり、天台宗に心をよせるものは当然浄土の信仰をも抱いたものであって、異質なものではなく、同質であることが一般であるから、講経に始まり、念仏に終わるという形態はむしろ二次的な性格だったのではないか、と推察される。この集まりが勧学会と呼ばれた、その「学」が詩を作って教養を高めることを一応の目安としていることも、この会合の性格に通ずるものといえよう。

　しかしこの会合がどう運ばれようとも、その仕組みが志を一つにしたものの集まりであることに変わりはない。集まりのメンバーが「我が党は一心」であるとか、「同心合力の徒」であるなどと言っているのを見ても、そこには心を一つに許し合ったひとたちの姿を見ることができる。だから、メンバーの一員が遠く都を離れていて、この会合の日に参加できない境遇に置かれたときは、遥かに思いを都にはせて、僧を請じてひとり講経の聴聞と念仏にはげむといった試みも起こりえたのである。ここには堅く結ばれた同心の紐帯が感じ取れる。ただこうした一例から見てもわかるように、この会合が変わることなく、持続することはなかなか困難であったに違いない。都を離れたものもあったし、亡くなるひとも出て来たのは当然であるが、年二回という間遠さは、この会合を漸次さびれさせる要因になったのではないか。もしこの会の期待するものが信仰を温め合う念仏の集まりに徹するものであったとすれば、このような間遠さははじめから不徹底の謗《そし》りを免れないだろう。これでは念仏について信仰上の疑いを抱くものがでても、当人もそれについて質《ただ》すことをこの会に期待することができないし、また他のひともそれに気付かないで終わる可能性が高い。また臨終にも、その枕頭《ちんとう》に侍《はべ》って、力づけ励まし、臨終の念仏を勧めてやる、といったことも、なかなか困難である。どうしてもそうした場合は個人的なものに転化しやすいし、またそうなる外はなかっただろう。そしてこのような中途半端な性格の欠陥が大きくはたらくようになったためか、あるいは会の中心人物であった保胤が出家して叡山横川の首楞厳院に籠り、名も寂心《じゃくしん》と改めて、より積極的に念仏にいそしむようになったためか、とにかく自然解散の形をとったもののようである。こうした会の中絶は、保胤の出家した寛和二年（九八六）と推定されているが、実はこの年こそ、源信が前年の冬十一月以来書き続けて来た『往生要集』を脱稿した一年後であり、また二十五三昧会が発足した年でもあった。こうして勧学会の解散と二十五三昧会の発足という時点が『往生要集』との繫がりをもってくるのは、決して偶然ではなかったのである。

二十五三昧会の結成

二十五三昧という呼称は『涅槃経《ねはんぎょう》』に基づくもので、この流転輪廻の迷いの世界における二十五種の生存の状態（例えば、地獄・餓鬼・畜生などといった最下底のものから、物質的なものの一切を超えた最上のものまでを含めて）を破《は》する心静かな内観を指し、これを取って念仏行者の同心の集まりの名としたものが、二十五三昧会である。この集まりは、その集まりの法式を記した『二十五三昧式』によると、寛和二年（九八六）五月二十三日、二十五人の中心発起人によって始められ、その目指すところは、会のメンバーが相互に善友となり、臨終にあっては十遍の念仏（十念）を真心こめて称えることができるように励まし力づけることを約束し、そのためには常日頃から心を同じくして、浄土に生まれるための念仏を毎月十五日の夕べに相集まって行なおうとすることにあったものである。したがってこの会の趣旨は、臨終における十遍の念仏を心静かに称えて浄土に生まれることを念願としたものであって、だからこそ死後目指す浄土に生まれることができたかどうか、後に残ったひとに、実際目のあたりに、あるいは夢にあらわれて知らせることさえも期待したのである。そこにはみずからの誓いの力と仏の勝れたお力とに期待して、浄土往生の実証を得ようとする素朴な願いが認められて、興味深いものがある。

ところで、この会の「根本結衆」のなかに源信の名はなく、これとは別の「結縁衆《けちえんしゅう》」十九人のなかに名を連ねている。このことは、かれが発起人としてではなく、この会の賛同者として後から参加したものであることを語っているようであるが、しかしこの会の実際の発足よりも遅れて、この会のための規約として作られた「起請八箇条」というものは「寛和二年九月十五日、慶滋保胤草云々」ということであり、さきの『二十五三昧式』はこの「八箇条」と密接な関係にあるとともに、源信の撰ということであるから、かならずしも源信が発起人でなかったということは重要な意味を持たない。むしろこの会の運営にかれが大きな原動力となったことを重視する必要があろう。そしてこの推察を許すものであろう、「根本結衆」のなかには、源信の弟子、覚超《かくちょう》の名を認めることができるし、後の『往生伝』などの記録を見ても、発起人よりも結縁者の方に多く浄土往生をとげたひとの名を見るから、あるいは発起人たちは若手の青年層（根本結縁の一人貞久は、永延元年〔九八七〕、二十五歳で死んでいる）で、源信の影響を受けたひとたちが多かったのではないか、と思われる。また実際このひとたちは、源信と同じ横川の首楞厳院を中心に集まったひとたちであって、その根本結衆の発願にも、みずから「楞厳院二十五三昧根本結衆」と名のっていることは、その影響の介在を予想させるに十分である。かれらは、日頃教えを受けた浄土の信仰をより大きく結実させるために、同志と相語ってこの会をおこし、それを知った、以前から熱心な浄土の願《がん》生《しょう》者であった僧や源信たちも参加して、ここにより強固な念仏者の集団を構成したものであろう。後から参加した結縁衆のなかには、『続本朝往生伝』に記載された源信、良範《りょうはん》、『三外《さんげ》往生伝《おうじょうでん》』に「楞厳院結縁念仏」衆として記載されている妙空《みょうくう》、明普《みょうふ》、念昭《ねんしょう》、良陳《りょうちん》、聖全《しょうぜん》（『二十五三昧』には聖金とある）などといった僧の名が認められる。

　またこのような同志的な結合の動きは他にもあって、それにも源信が関係していることが知られている。それを伝えるものは『高山寺遺文抄』に収められている「僧範好等連署起請文」と呼ばれるものの断簡である。それによると、寛和元年（九八五）十月、飯室《いむろ》の北谷の地を選んで、これを「安楽」と名づけたが、翌二年夏の頃、横川の源信がここを訪れて堂供養を行なった折、同心の者が相集まって相談した結果、ここにはじめて「結縁の行法《ぎょうぼう》」を計画することとなり、僧延久《えんきゅう》が領していた建物をこの度の念仏結縁を推し進めて行くための費用に当てるとともに、また協力してこの建物と僧房とを充実させることになり、僧俗の同心によってその年十月完成を見、はじめて行法を行なう運びに至ったことが知られる。文献が断簡であるために十分意を汲み取ることはできないが、推察されるところでは、この起請文に名を連ねている僧のなかに睿桓《えいかん》の名があり、かれは飯室の安楽谷に安楽院を寛和元年に草創した、というから、源信が供養のために訪れたのは、この安楽院の供養である、と思われる。そしてその機会に「安楽」の名にふさわしく、念仏結縁の行法を定めて、浄土の往生を期したものであろう。この動きはまさに二十五三昧結縁の動きとほぼ性格を等しくし、ほとんど時を同じくしているから、あるいは相互の間に何ほどかの影響関係があったのかも知れない。またこの安楽院を中心とした念仏の動きについては、その事の次第を慶滋保胤が起草した、と伝えていて、この点にも興味のある連絡が感じ取れる。すなわち、先の「起請八箇条」も「保胤草云々」とされていることを想起するからである。

二十五三昧会が目指すもの

寛和二年〔九八六〕九月十五日、慶滋保胤が起草したといわれる「起請八箇条」は『二十五三昧起請』ともいわれているが、この八条の中心をなすものは、第一条と第四・第五・第七の三条で、そこには源信が『往生要集』で説いたものと合致するものが認められる。したがって、この「起請」を保胤が起草したといっても、それは保胤が源信たち二十五三昧の結縁者の意を汲んで作ったものであって、保胤の考え方といったものがそのままこのなかに織り込まれているとは考えられない。先の範好たちの「起請文」にしても、保胤は草案を書いたが、保胤が外出の折り紛失してしまった、といわれているのを見ても、実はかれの文才が買われて起草を依頼されたもので、かれの考えがはいる余地はなく、またこうした集まりに直接関係したものでもなかったのである。その意味では、起草がだれであっても、それとは無関係に、大きく源信の考えていた事柄がこのなかに位置を占めていた、と見ることができ、それが八条の起請の中心をなすものとなって浮き出たものにちがいない。

さて、このなかに述べられているところを見ると、まず最初に、毎月十五日を阿弥陀仏の「感応《かんのう》」の日と定め、結衆のものは身体と口と心をつつしみ、きめられた戒律を堅くまもり、勝手気ままな振舞いに流れることがないように努めなければならない、とする。そして世の一切のもののために、『阿弥陀経』六巻を読むとともに念仏百遍を繰り返し唱え、その後、礼拝など作法どおりの勤めを行なって、明け方に至って誓いの詩（願偈《がんげ》）を唱える、としているが、この詩が『往生要集』の最後に載せられている詩であることは、まず注意されてよいであろう。ここには念仏に勤しむものが、ともに臨終において仏のお姿を拝し、ともに浄土に生まれようという願いを詠いあげている。

あまた得し　　功徳をあげて
願わくは　　いまわのきわに
限りなき　　功徳の身なる
弥陀仏の　　すがたおがまん
われと他の　　信ずるひとと

かの仏　おがみしうえは
願わくは　無垢の眼をえて
上もなき　さとりをとらん
（此の諸《もろもろ》の功徳に依りて　願はくは命終《みやうじゆう》の時に於いて　弥陀仏の無辺の功徳の身を見たてまつることを得ん。我及び余の信者と　既に彼《か》の仏を見たてまつり已《をは》らば　願はくは離垢《りく》の眼を得て　無上菩提《むじやうぼだい》を証せん）

次に注目されるのは、第四・第五の二条である。ここにはまず結衆のだれかが病気になった場合、このひとを収容するための「別処」を建てる必要が説かれ、これを往生院と呼んで、世俗の愛恋を一切遠ざけ、世の無常に思いを潜めて、心静かな内観が行なわれやすいようにすることを述べているが、次にその病人に対しては看病に当たってどうするか、また臨終のときの心得や死後のことまで書き記している。こうした注意は、『往生要集』の第六章「特定のときの念仏（別時念仏）」のうちの第二「臨終に行なう念仏の作法（臨終行儀）」に説くところと一致するもので、源信の考え方が濃厚に描き出された部分と見られる。その点とくに注目を引くものであるが、さらに留意されることは、死後浄土に生まれるか、流転輪廻の迷いを重ねるか、「善悪の二道」の分かれ目は、「ただ臨終の一念に在る」といっていることと、いま臨終の「此の時のために」心の友として枕頭に侍るのだといっていることである。ここには、この二十五三昧の結縁が何のために目論まれたか、それをよく窺い知らせるものがある。この起請の中心は、まさに病気の結衆が心を乱さず念仏して、浄土往生を遂げるように、その臨終を力づけ励まして、最後を見届けようとすることにあったのである。したがって、ここにはさらに死後の葬送などの雑事一切も結衆の手によって執り行なうことを定め、実は二十五三昧の結縁を計画した、その「志を興したのも此の事に在った」のだ、と言い切っているのである。

さてこうした「臨終における正しい念仏（臨終正念《しょうねん》）」は、平生の念仏によって定まるものであるから、これについて触れたのが第七条である。ここでは、結衆は等しく「十五日の精勤をもって浄土に生まれるためのつとめ（浄土業）とし、往生院での看病をもって心の友（善知識）とし、この二つを頼みとして浄土に生まれることを期するのだけれども、それでも臨終にのぞんで心安らかに十遍の念仏（十念）ができるかどうかは知ることができない」から、平生の時に浄土に心を運んで、その「すがたを想い描き、心静かに念じ（観念）なければならない、とする。いわば、寝ても覚めても、どんな時どんな処にあっても「心に念じ口に称え（心念口称）」なければならない、とするのであって、この常日頃の念仏の功徳が積み重なるとき、臨終にも心正しく念仏が行なえる、というのである。

以上は、この起請の重点を抜き出したものである。このほかにも、念仏の集まりを終わるに当たっては、先に掲げたような結願の詩を述べたその後で「光明真言《こうみょうしんごん》」という一種の呪文をとなえて、その呪文が持っている不思議な、思惟では捉えられない力を土や砂に移し与える（これを土砂加持《どしゃかじ》といっている）といったことを行なうように申し合わせたものがある。

これは、この真言が勝れた力をもっていて、それを聞くひとの罪をすべて消すことができるとする考えによるもので、もし結衆のだれかが死んだ場合、そのひとが生前どんな罪を犯していたかわからないし、その罪によって果たして浄土に生まれるかどうかもわからないから、その用心のために真言の威力を土や砂に移し与えて置いて、死者がでたときには、これをその遺骸にかけ、死者の罪を取り除こう、というのである。しかしここには、浄土信仰と真言との不純な結び付きが認められるようである。念仏によって一切の罪が消滅して、晴れて浄土に生まれる身となる、と考えられていながら、それでもなお真言の力を必要とするとして、念仏一本に絞ることができなかった妥協的な性格が理解されよう。この点は、別の意味で注目されなければならないものであって、『二十五三昧起請』がもつ一つの性格として注意する必要がある。なぜなら、『往生要集』にも「真言」について触れたところがあり、例えば第四章「正しく念仏を行なうこと（正修念仏）」の第二「讃歎」の条で、「密教（真言教）でよまれている『仏讃』・阿弥陀仏の『別讃』がある。これらの詩句を、一遍でも数遍でも、一行でも数行でも［よむとよい］」といったり、第九章「浄土に生まれるためのいろいろな修行（往生《おうじょう》諸行《しょぎょう》）」において、「極楽を求めるものはかならずしも念仏だけに専念しないから、念仏以外の修行について明らかにして、選択は各人の望みのままに任せる必要がある」として、経典としても多くの真言密教のものを掲げているが、それは源信としてはどこまでも副次的なものとして認められているに過ぎないものだからである。それが、ここでは念仏に対して、その信仰と相殺するような位置を与えられている。ここから、源信が最初の発起人たちに妥協した面が窺えるのではないか、と思われる。『往生要集』には真言にも浄土に生まれる道が開かれていることを、念仏とは別に認めているけれども、ここで見られるような、念仏を主体にしながら、真言を滅罪のために必要とするといった考え方は取らない。まして、光明真言の力を土・砂に移し与えて、それを死者の亡骸《なきがら》の上に置くなどといったことを認めるわけもないのである。したがってまったく異質的な、木に竹を接《つ》いだ結び付きと考えてよいものである。

　しかしこのような異質性はあっても、この『起請』が目指すものは、やはり念仏によって浄土に生まれようとする願いであって、どんな罪深いものでも、わずかに臨終にあって善い因縁に恵まれるときは、間違いなく浄土に生まれるのだ、という確乎《かっこ》とした信念に裏付けられていることを見逃すことはできない。『起請』が八条を結ぶに当たって、『瑞応伝《ずいおうでん》』が記載している、鶏を売ったり、牛を殺したりした張鐘《ちょうしょう》なども、臨終には導きの師（善知識）をえて、極楽に生まれることができた、という例を示しているのを見ても、それが首肯される。

　以上のほかに、第八条に追善供養のことがあがっていることをここに付記しておく。

『二十五三昧起請』

　この八か条の『起請』が書かれた二年後の永延二年（九八八）六月十五日、源信は『横川首楞厳院二十五三昧式』というものを書いて、先の八か条を受けつつ、ある部分は増広し、あるものはまったく改めて、十二条に整理した。

ここでは、先の『起請』にないものが二条加えられていることと、第七条が削られているほかは、ほぼ同じものが認められるから、細説は避けたいが、一、二注目されることだけは記しておこう。

まず新たに加えられたものについて触れると、第二条に、毎月十五日正午以後、念仏の始まる以前に、高僧に『法華経』を講じてもらうことを規定している。これは、先の勧学会が行なって来たところに類似しているものであって、あるいはその考えがここで採用されたのかも知れない。ここでは、教えを聞くこと（聞法《もんぼう》）の功徳は量り知れないものがあると、讃えられているが、これは念仏を主体とした二十五三昧としては妥協的で、夾雑性《きょうざつせい》を高めたものと言うことができ、第七条が省かれたことと相俟《あいま》って、注目されるものである。

また第五条として、結衆は相共に父母兄弟の思いを抱かなくてはならない、という一条を加えている。これは単に結衆であるという意識を超えて、よりいっそう緊密な繋がりを結ばなければならないことを強調したもので、この『式』文が随所に「吾が党《ともがら》」という表現を用いたことと一緒に、注意してよいが、これはまた第十二条に、「起請に随わないで、勤めを怠るひとは結衆の中から追放（擯出《ひんずい》）する」とした考えにも関連すると見てよいだろう。もっとも、この追放を規定したものは、先の『起請』では第三条に当たる、と見られる。

しかしもっと注意しなければならないことは、増広された部分である。『起請』でいえば、第一条と第五・第六の二条とがそれで、それに加えて、第四条が第五条の増広されたもののなかに包含された形を取っていることである。すなわち、第一条は『式』の第一・第三・第六の三条に、第五条は第七・第八・第九の三条に、第四は第七・第九の二条に、そして第六条は第十・第十一の二条に増広されているのである。したがってこれを見ただけでも、毎月十五日の念仏の規定と、病人が出た場合の、看病中の扱いや死後の葬送、および結衆全体のための墓所の選定と没後の念仏供養などが、同じように中心の規定事項になっていることがわかる。『起請』で目論まれていたことがより鮮明に浮彫りにされた、といえよう。

これらのなかで、一、二注目されるものを記して置くと、まず十五日の夜の「不断念仏」について細説していることである。すなわちこの日の念仏の進行は、先にも示したように、夕方四時（申）に『法華経』の講義が始められ、それが終わると、次に「起請文」を読み、夜の八時頃（酉終）から念仏に移り、翌朝八時（辰初）まで不断念仏を続ける。そしてその後結願《けちがん》を終わってから十二巻の経（おそらく『阿弥陀経』であろう）を読み、また念仏を行ない、この日の集まりを終わるのである。

しかしこうした十五日の夜を徹した不断念仏も、実は結衆相互の親和を高め、平時の連繫を強めるためで、その目的とするところが臨終の念仏を全うすることにあったことは、すでに明らかなところで、そこにおのずから病人の看病にたいする心遣いが三条にまとめられることになったのである。ただこの臨終の行儀が「起請」の焦点であるといった強調は見られない。それは先の『起請』と少しく異なるようである。

さて以上、『起請』と『式』を対応させて見たことからも知られるだろうが、この『式』

は「式」とはいっても、先の「起請」と変わってはいない。この「式」のなかに「起請文を読む」とか、「このように起請する」などといっているように、このもの自体は「起請」なのである。したがってここから保胤作と伝聞する草案から源信の「式」に改変されたことが理解される。そして実際、この「式」にかわる『二十五三昧式』が別にあるのである。それは、先に記した、寛和二年〔九八六〕五月二十三日付けの、二十五人の発起人の「発願文」をその中に掲げているもので、内容としてはやはり式文らしい性格を備えている。

『二十五三昧式』

この式文について細説する煩雑は避けたいと思うが、特色として注目される点を示すと、『阿弥陀経』を読んだあと、輪廻の迷いの世界である地獄・餓鬼など六つの世界(六道)について、その苦しみのすがたを描き出して、その世界の叙述が一つ終わるごとに、そこに堕ちているものの救いのために念仏百八遍を唱えるよう示していることと、その念仏の後、インドの大乗仏教の碩学(せきがく)、ナーガールジュナ(Nāgārjuna. 竜樹と漢訳される。約一五〇―二五〇年頃のひと)が作ったといわれる『十二礼』を、二節ずつ唱えるよう定めていることであろう。

このうち、前者は『往生要集』の第一章「この穢(けが)れた世界を厭い離れること(厭離穢(おんり)え土(ど))」に対応し、そこで説かれる地獄・餓鬼以下の世界の苦しみの様相を取ってまとめ上げたものであることは間違いない。ただ『要集』では、それぞれの世界の扱いが一様ではなく、スペースの割き方が地獄や人間に厚く、他は薄いが、この『式』ではそうした差がならされて、ほぼ大差のないスペースが与えられ、叙述されている。これは、この『式』が『往生要集』の第一章を踏まえていることを語るものであろう。

またナーガールジュナの『十二礼』を用いた点も、『要集』と関係がある。『十二礼』は『要集』では第二章「浄土をねがい求めること（欣求浄土《ごんぐじょうど》）」のなかに散見されるもので、ただ全文にわたっていないが、それは『式』が意識的に『十二礼』の全文を掲げて、それぞれの世界の結びに当てようとした、その目的と違っているからであろう。

いま『式』が「修羅《しゅら》」の世界の項に掲げる『十二礼』の文を例にとってみると、

黄金《こがね》地にしく　池の華《はな》
積みし功徳の　台《うてな》あり
かの座におわす　山のごと
されば仏を　いやまわん
　もろともに　いかまほし
　安楽の　かの国へ
（金底宝間《こんたいはうけん》の池に生えたる華には、善根より成れる妙台の座あり　彼《か》の座の上に於いて山王の如し　故に我《われ》弥陀尊を頂礼《ちやうらい》したてまつる。願はくは　諸《もろもろ》の衆生《しゆじやう》と共に　安楽国に往生せん）

南無《なむ》極楽化《ごくらくけ》主《しゅ》弥陀《みだ》如来《にょらい》
南無命終《なむみょうじゅう》　決定《けつじょう》　往生極楽《おうじょうごくらく》

四方《よも》より来たる　仏《ほとけ》み子《こ》
神通《じんつう》あらわし　極楽に
きたり仏を　仰ぎます
されば仏を　いやまわん
もろともに　いかまほし
安楽の　かの国へ

（十方より来れる諸の仏子　神通を顕現して安楽に至り　尊顔を瞻仰《せんがう》して常に恭敬《くぎやう》す
故に我弥陀尊を頂礼したてまつる。願はくは諸の衆生と共に　安楽国に往生せん）
南無極楽化主弥陀如来
南無命終決定往生極楽

というように『十二礼』の第七・第八の二節が示されている。これは、『往生要集』では別々に採られていて、前者は第二章の第八「仏にまみえて教えを聞く楽しみ（見仏聞法の楽）」の結びに、後者は第七「浄土の菩薩《ぼさつ》にあえる楽しみ（聖衆倶会《しょうじゅくえ》の楽）」の結びに置かれている。ただ「南無」の二行は『要集』にはないが、これは『十二礼』にもなく、それに相当するものはこの詩の前に置かれている「南無至心帰命《なむししんきみょう》 礼西方阿弥陀仏《らいさいほうあみだぶつ》」の一文である。

ともかくこのような形をとって、六つの世界の様相を説き、『十二礼』の讃歌を掲げた部分が、この『式』の中心をなし、それを終えたあとは、型どおりの進め方を示して終わっている。そしてこの『式』の最後を締め括るためであろう、結衆の早死にしたひとのなかには、僅かでも迷いの心をおこして、地獄や餓鬼・畜生の境界《きょうがい》（三途《さんず》）に堕ちているひとがいるかも知れないから、そういうひとのために毎月の祈りを行なって、浄土のさとりを与えなければならない、と説き、生前犯した罪の軽重によって堕ちる境界に地獄・餓鬼・畜生の差が分かれる、として、『観経』の文を引いて、自他共に浄土に生まれるよう、阿弥陀仏のみ名を唱えよう、と結んでいる。この『観経』の文は、

　ほんとうに罪の重い悪人はほかには救いようがない。ただ仏のみ名を称《とな》え念ずるとき、極楽に生まれることができる。
　（極重の悪人は、他の方便無し。唯《ただ》仏を称念して、極楽に生まるることを得《う》）

というものであるが、実はこれに直接当たる文は経にはない。これは『要集』の第八章「念仏を勧める証拠（念仏の証拠）」のなかに引かれているもので、源信が経文の意を汲んで整理した句であることを注意する必要がある。

してみると、『式』の進め方としてはさして特異なものがない以上、この『式』の中心理

念はまったく『要集』に負うている、といっても差支えないことがわかる。この『式』には異本があって、内容に変動が多く、どれが元の形のものであったか、推察は困難だから、明確なことはいえないが、源信の考えに基づいていることだけは異論がないだろう。恐らくは、先の十二条の起請からなる『式』が書かれたころにはすでに出来上がっていたものであろう。

『往生要集』の成立

さてこのように見て来れば、保胤の主宰した勧学会の中断と保胤の出家、その後の横川首楞厳院を中心に集まった二十五三昧会の結衆、といった時の推移のなかで、『往生要集』の成立がきわめて微妙な位置を占め、この二つの動きに一つの連繫を与えるかのような役割を果たしていることを推察することができよう。いわば源信は、保胤が試みた同信者の結合がなかば失敗の形に立ち消え、先細りになってしまった現状を見て、その失敗の理由がどこにあるかを見きわめ、それを『往生要集』のなかでそれとなく示そうとしたのではなかろうか。

もちろん、『要集』述作の目的が「正しく念仏を行なうこと（正修念仏）」を明らかにしようとした点にあったことは当然である。しかしそれと同時に、その念仏によって間違いなく浄土に生まれることが前提となっているのでなければ、その念仏が正しいことを立証できない。いわば浄土に生まれたという確証によって、その念仏は正しいものとなるのである。したがって、問題の焦点は「正しく念仏を行なう」その在り方から、臨終の正しい念仏へと移行し、その臨終の念仏の正しさによって浄土に生まれる確証を捉《つか》むことが重視されることになる。ここに臨終における心の在り方がどうしても疎かにはできなくなるのである。そして『要集』はこの臨終における心の持ちようを事細かに注意して、浄土に生まれたいと願った素懐《そかい》を全うするよう勧めることに多くの努力を払っている。

さらにまたこの点も忘れられない。「正しく念仏を行なうこと」は、どこまでも個人の問題であって、その個人が深い信仰を抱きつづけて行ける限りにおいて、その念仏も「正しい」ものとなるが、いったん動揺すると、疑惑は深まり、ついには念仏を捨てることにもなりかねない。また臨終に及んで疑いが起こったときは、疑いのまま、ついに救いから見放されることにもなる。なぜなら、そこにはそのひとの信仰を正しく導いてくれる心の友（善知識）がないからである。ひとの心は愚かであって、また気力にも欠けることが多い。みずからの過《あやま》ちを自分で見定め、改めることができない。そして信仰の場合はとくにその正しさに立ち帰り、立ち直ることがむつかしい。ここに源信は、念仏を等しくするものの結合が大切であることを知ったのであろう。

源信は、みずからのうちに愚かさを認めたひとである。かれは『要集』の序に、「わたしのような愚かなもの（予が如き頑魯《ぐわんろ》の者）」とみずからを顧みているが、この愚かさは念仏以外の修行ができない愚かさであるとともに、折角の念仏による救いさえも見失う虞《おそ》れのある愚かさなのである。こうした愚かなものは相寄り相扶《あいたす》けて、たがいに励まし力づけ合わなければ、正しく念仏を行ないとおすことができない。ここに源信は『要集』において、まさにこの点を強調しようと努めたのである。『要集』における「臨終に行なう念仏の作法」は、このような要求から書かれたものである。したがって源信が念仏者の同志的な結合に賛同したのは、かれの願いが日の目を見、実践に移されるものと確信したからである。

しかし念仏者の結集はけっして偶然の試みではないだろう。そこにはすでに『往生要集』で源信が考えたようなことが、陰に陽に影響を与えていたものに違いない。いってみれば、二十五三昧会は『要集』の実験的な実践運動と見ることができよう。

『要集』はその意味で、その執筆の当初から念仏者の同信的結合を予想し、そうした集まりのひとたちのための指針となるものを考えて、作り上げられたものである、といえよう。

『往生要集』の影響

二十五三昧会は発足後、漸次結縁のひとの増加を見たようである。『二十五三昧根本結縁過去帳』によると、百二十四人の僧俗男女の名前があがっている。これを見ると、後代までこの三昧会が賛同者をえて、広く行なわれて行ったことが推測されるが、後代でもやはり中心になって指導する立場にあったのは、僧であったにちがいない。いずれにせよ、前掲の宮内庁蔵『過去帳』に寛和三年（九八七）に往生した祥蓮《しょうれん》をはじめ、妙空・仁尊・相助・明普・明善・花山法皇・良運・良陳・良範・仁僓・聖金・源信・禅珍・康審・覚超まで、十六人の略伝を記録しているし、『続本朝往生伝』や『三外往生伝』を見ると、源信・覚超・良範・祥蓮・相助・妙空・明普・念昭・良陳・聖金（このうち覚超・祥蓮・相助の三人が発起衆）などがあがっている。そしてこの三昧会の指導的な支えが『往生要集』であったことは、聖金が臨終には『往生要集』の「臨終の行儀」の部分を読ませて、それを聞きながら世を去った、と伝えられていることからも、じゅうぶん理解されるところである。

しかし『往生要集』は、ただこの三昧会に参加したひとたちの念仏生活の支えとなっただけではない。漸次、広く用いられるようになったことは、『栄花物語』「たまのうてな」に「かの往生要集の文を思出づ」といっている一事によっても、思い知られるし、また『後拾遺往生伝』中巻に、源頼義の三男、源義光は毎日かならず『往生要集』を読んだ、と伝えていることも、これをうかがわせるのである（『往生要集』が後世に与えたさまざまな影響について語ることは、いまここでは他にゆずりたいと思う。拙訳『往生要集』〈第一巻、一九六三年〉の「解説」を読んでいただければ幸いである。「東洋文庫」所収。平凡社刊）。

第二章　迷いの世界

迷いの世界

とらわれの心を去ることが真実である、と仏教は教える。一切のとらわれを捨てて、明鏡止水の境地に遊ぶことができれば、真実は手のうちにある。どんなことを願い楽しんでも、その願い楽しみがそのまま真実にかなったものになる。おのずからにして真実そのものがすべての意志や行動となって顕われる。そのとき、わたしは真実と一枚であり、真実である。これをさとりと言い換えてもよい。

しかしこの真実を手のうちに摑んだと思い取って、これに執着することがあるとすれば、摑んだのは真実の形骸であって、すでに裳《も》抜《ぬ》けの殻《から》にすぎない。仏教では一切は空《くう》である、と説いて、執着されるようなものは何一つない、というが、その空と教えられた空にとらわれるとき、空もまた空と示して、執着の一切を放下《ほうげ》することを教える。空は、とらえられないから空なのである。

しかしこれは単に理論を弄ぶ、そうした性質のものではない。それではただ空理空論であって、そこからは何も生まれない。一歩でも前進しようとした努力も、空転に終わるほかない。空はそのままが行為となって実践されなくてはならない。一挙手一投足のうちに、そのまま血肉とならなければならない。行為のすべてが空そのものであり、空が行為するのである。そこに仏教のさまざまな修行があり、その修行によって空をその身体で、いわば体認しようとする必要がおこる。しかしこの道は険しく遠い。ひとは努めても努めても、その至らなさに空しく泣くほかはない。気力と体力と智力が三拍子そろった能力の秀でたものでも、なかなか容易ではない。まして、能力の劣ったものには、夏の太陽を直視したときの、目眩《めくるめ》く思いを禁じえないだろう。しかも多くのひとは、こうした思いさえ抱くことなく、日々の生活にただ空しく営々として働くだけである。蟻のように無思考に日々を送って、何のために生きるのか、それさえ振り返ってみようとしない。空しく生き、空しく死んでゆく。そこには空生空死の連続があるだけである。

仏教ではこれを輪廻と呼んでいる。いわば迷いの世界であって、これには地獄と餓鬼と、畜生・修羅・人間・天上の六つ（これを六道という）があり、これらの境界《きょうがい》を浮き沈みして流転するのが迷いの姿である。したがってこれらの迷いの境界はいずれも人間のものであって、ひとが姿を変えて、それぞれの境界に生を受けたものに過ぎない。犬畜生と蔑むけれども、畜生も元をたどれば、人間にほかならない。「山鳥のほろほろと鳴く声聞けば父かとぞ思ふ母かとぞ思ふ」（行基の作と伝える。行基は奈良時代のひと。社会の救済と福祉に努力した僧で、行基菩薩と尊崇された）という和歌は、単に父母を憶《おも》う感傷のうたではなく、このような理解に立った、しみじみとした実感を語っているのである。ここに仏教が生を受けた、生命のあるものの一切をさして「衆生《しゅじょう》」といった所以《ゆえん》がある。人間と畜生とは、たまたまいまこの生《しょう》においてそのような姿をとって異なっているだけで、実は大差はない。キリスト教が人間と動物との間に超絶的な一線を画したのとはまさに対照的に、仏教はその差を認めない。過去世においてそれは逆であったかも知れないし、来世もまた計りがたい。生を受けたその時その時の生活の在り方によって、大きく次の生を決定して来た、その差があるに過ぎない。こうしてひとはその行為によって、地獄にも堕ち、天上にも生まれる、とされるのである。

それではこういった輪廻の境界はどのようなものとして受け取られたのであろうか。

穢れた世界

このような流転輪廻の迷いの世界は「穢れた世界（穢土《えど》）」と呼ばれるが、源信はこの穢れた世界のすがたを目を覆うことなく直視して、描き出そうと試みた最初のひとである。かれは多くの経論に説かれている所を参照し整理して、地獄より説きおこして天上までの世界がどのように穢れているか、その様相を余すことなく説き尽くした。そしてとりわけ地獄と人間の世界を捉えて描写の焦点としたから、それだけまたその世界の様相を描き出すことに成功している。しかしかれがここで試みようとしたものは、もちろんただこれらの世界の穢れたすがたを抉り出して、読むものの心を驚倒させようとするのではない。目標はこれを正しく見極めることによって、これを「厭い離れる（厭離《おんり》）」（第一章でこれを扱う）とともに「浄土をねがい求める（欣求浄土《ごんぐじょうど》）」（第二章）ことにあったのである。これは二つのことであるが、同時に一つであるから、したがって輪廻の迷いのすがたを剔抉《てきけつ》した筆の激しさは、それだけに浄土をねがい求める願いがいかに強く大きなものであったかを窺わせるに十分である。この願いがあったからこそ、凄絶、目をおおわせるような地獄の様相も描写することができたのであって、『古今著聞集』第十一巻（画図第十六）の「巨勢《こせ》弘高地獄変の屏風を画《かき》く事並びに千体不動尊を画きて供養の事」に、「弘高、地獄変の屏風を書けるに、楼の上より桙《ほこ》をさしおろして、人をさしたる鬼をかきたりけるが、ことに魂入《いり》てみえけるを、みづからいひけるは、「おそらくは我《わが》運命つきぬ」と。はたして幾程なくて失《うせ》にけり」と伝えているものと、同断ではない。巨勢弘高の場合はただその描写の巧みさが誇りうるだけで、裏付はない。それだけのものに終わっているに過ぎないからである。

地獄変の屏風絵は年の末に行なわれた仏名会《ぶつみょうえ》に用いる風があったから、弘高の画いたものも、その折りのために使用されたものであろうか。その年に犯した数々の罪を懺悔するために過去・現在・未来の三千の仏のみ名を唱えるもので、これによって一切の罪障が霜露のごとく消除されることを期待した法会である。貫之の和歌にも「年のうちにつもれるつみはかきくらしふるしら雪とともにきえなむ」（『拾遺和歌集』）と詠われている。この法会に設けられた屏風については、村上天皇のころの年中行事などを記した『西宮記《さいきゅうき》』の「御仏名《おぶつみょう》」の条に見えるが、『枕草子』には「御仏名のまたの日、地獄絵の屏風とりわたして、宮に御覧ぜさせ奉らせ給ふ。ゆゝしう、いみじきことかぎりなし。「これ見よ、見よ」とおほせらるれど、「さらに見侍らじ」とて、ゆゝしさにうへや（御座所に近い局）にかくれふしぬ」とあって、その絵の恐ろしく不気味なさまが窺える。道長の『御堂関白記』の長和四年（一〇一五）十二月十九日の条には「地獄変相御屏風画、画師等に禄を賜ふ」とある。ただし地獄変相図はすでに平安朝のはじめからかかれたもののようで、『尊意贈僧正伝』には、仏像の置かれた後壁にこれが描かれていた吉田寺のことを伝えている。

地獄という所

ところで、源信以前、世のひとたちはこのような地獄をどのように受取っていたのだろうか。

これをいま、平安時代の始め、薬師寺の僧景戒によって書かれた『日本霊異記』によってみると、その恐ろしさは火に焼かれる苦しみによって代表されている。行基菩薩を誹謗した咎《とが》によって、地獄に堕ちた三論宗の学僧智光が受けた苦しみも、「極めて熱き鉄《くろがね》の柱」を抱かねばならない、という酷熱の痛苦であって、「柱を抱けば、肉みな銷《と》け爛《ただ》れ、ただ骨璅《ほねぐさり》（骸骨）のみ」が残り、三日たつとまた生きかえって、さらに前に倍する熱い鉄を抱かされ、この苦しみを九日にわたってなめさせられている。あるいはまた藤原永手《ながて》（房前《ふささき》の子）が死後、その子家依《いえより》の病気のとき、病人に乗り移って叫んだところでは、「わたしは永手だ。わたしはかつて法華寺の幢幡《はたほこ》をたおしたまま直させなかったことがあるが、その後西大寺の八角の塔を四角にし、七重を五重にして経費を削ったりしたため、この罪によって、閻《えん》魔《ま》王《おう》に宮殿に呼ばれ、火の柱を抱かされ、折れ曲がった釘を手に打ち立てられて身体を鞭打たれた」といっている。

また、天性邪見であって、因果の道理を信ずることがなく、いつも鳥の卵を探し求めては煮てくっていた下痛脚村《しもあなし》のある若者の話を伝えて、次のように記している。天平勝宝六年(七五四)の春、一人の兵士がこの男のところにやって来て、国衙《こくが》の役人がお呼びだ、という。そこでこの兵士に従って行くと、突然麦畠のなかに分けいった。畠は広く、麦が一面にのびていたが、ふと見渡すと、真赤な火が燃え広がっていて、足の踏み場もない。畠のなかを「熱い、熱い」と泣き叫びながら走り回った。ちょうどそこにひとりの木こりが来合わせ、この男を無理矢理つかまえて畠の周りをかこむ垣の外に引き出すと、男は地面に倒れて気を失った。しばらくして息を吹きかえして、「足が痛い」という。木こりがいぶかしがって尋ねると、事の由を語ったが、下着をまくって見ると、むこうずねは肉が焼けただれ、と け落ちて、骨だけになっていた。一日たってこの男は死んでいったが、『霊異記』の言葉を借りていえば、これからも「地獄の現に在ることを知る」ことができる、と記されている。ここには地獄は死後堕ちてゆく世界だけにあるのではなく、いまこの現実の世界にもあることが語られている。

ところで、以上の話からも推察されるように、地獄に対してそれを異土と捉える考え方は稀薄なようである。このいま歩いている道がそのまま地獄に通ずる道であり、あるいはそのまま地獄に変わる、そういった現在性がうかがわれる。それは今日いわれるような、交通地獄・試験地獄などといった、地獄の比喩的な捉え方とは異なって、地獄そのものの実在を現実のこの場にまで引き込んでくる受取り方である。

もちろんここにも「人間の百年をもって地獄の一日一夜とする」といった、地獄をこの世の時間観念を超えた世界とする見方は示されている。気の遠くなるような長い時間にわたって、比較を絶した苦しみが連続する世界である。しかしそれと同時に、他方にはこの世の一日はやはりかの土の一日といった考えもあって、これは、行基を誹謗した智光が、臨終に当たって、死んでも九日間焼かないでそのままにして置くように、といって死に、地獄での九日間の責め苦を受けて、また蘇生した、と伝えていることからも窺えるのである。

してみると、やはりこのような地獄にはあまり異土感はない、と言ってよい。知識としては死後の、遠いかなたの苦しみの世界と受取っていても、実はもっと身近な、現実とそのまま接続した世界を考えていたものと理解される。

また地獄を火に焼かれるところと見るほかに、湯のにえたぎった釜でにられるところと考えた例や、大海の中の釜のようになったところを浮き沈みして苦しむところとも考えた例があるが、それはごく限られていて、多くはいわゆる焦熱地獄を連想していたもののようである。また閻魔王やその使いのものが考えられているが、獄卒の恐ろしさはあまりない。それだけ地獄はまだ素朴な理解に止《とど》まっていたと見られる。

さまざまな地獄

しかし源信の捉えた地獄はこんな素朴なものではなかった。かれは多くの経論に説くところを整理して、これを正しい観念の上に見据えた。それは一面、極めて学問的な捉え方であるけれども、しかしそれに終わるものではなく、感覚的な、身に触れて迫るものをあわせもっていた。だから、単に空想をほしいままにした絵空事ではなく、実感をもって訴えてくる異状なまでの力を感じさせるものがあって、それだけに捉え方は正確であったといえる。

源信はこうした地獄のうち、焦点をいわゆる「八熱地獄」と呼ばれるものに当てて、まず等活《とうかつ》地獄より始めて、順次、黒縄《こくじょう》地獄・衆合《しゅごう》地獄・叫喚《きょうかん》地獄・大叫喚地獄・焦熱《しょうねつ》地獄・大焦熱地獄・阿鼻《あび》地獄に説き及んでいる。したがっていまここでもこの順序に従って、かれの巧みな整理の跡をながめて見ることにしたい。ただあらかじめ、ちょっと説明を加えて置いた方が理解しやすいと思われるから、地獄一般について触れて置くと、地獄にはさきの八熱地獄の外に八寒地獄とか孤《こ》地獄といったものがあり、八熱地獄にはまたそれぞれ付属の小地獄が十六ずつある、とされる。ここには大地獄で苦しみを受け終わったものが移されて、改めてまた苦しみに苛まれることになる。さらにますます激しい酷苦に責められるところなので、これを「増」というが、ここに通ずる門が大地獄に四つあって、その門のそとに四つずつ小地獄があるから、十六になる理で、大小合わせると、百三十六地獄ということになる。またここには多くの鬼がいて、獄卒などといった表現がなされている。しかしこのような鬼が生きものとしているのだとすると、それはもとは何で、どうしてそうなったのか、といった疑問を生ずることになる。そこで、ここに生まれる前に、心にいつも怒りを抱き、他人の苦しみを見て喜びとしたものがここで鬼となる、と説明するものもあるが、これは理屈に合わない。生前罪を犯したものは地獄に堕ちて責め苛まれるのが当然で、逆に責める側に立つのでは、納得がいかない。そこから、これを実在としないで、ただの幻影と捉え、ここに堕ちたものにそう見えるだけだ、と説く解釈がなされている。この理解の方が大乗仏教的な考え方に立っていて、より妥当のようである。したがって地獄に登場する生きものはいずれも、虎でも鷲でも、みな幻のものと見られる。

したがってここでの身を焼く火炎や熱風など一切は、かつて犯した罪の投影であって、それ以外のなにものでもない。すべてはかつての行為（業）がそれを決定し、罪の行為の投影をあるもののように描き出したのである。心の怯えが、幻覚を見させるのと同じである。源信もこれを『正法念処経《しょうぼうねんじょぎょう》』の詩を引用して、

焼ける火は　まことの火かは
悪業の　火の焼けるなり
（火の焼くは是れ焼くに非ず　悪業《あくごふ》乃ち是れ焼くなり）

とか、

痴人《しれびと》の　つくりし罪を
悔ゆるとも　いまなにかせん

天《てん》・阿修羅《あしゅら》　乾闥婆《けんだつば》はた
竜《りゅう》・鬼《き》らの　なせるにあらず
（痴人已《すで》に悪を作る　今何を用《もっ》てか悔ゆることをなす。是れ天、阿修羅、犍闥婆《けんだつば》、竜、鬼に非ず）

と記して、地獄の火は業火であることを示している。

また、ここに堕ちたものは人間として描かれるが、すでに人間ではない、とされる。人の姿はしていても、人間の言葉を知らないし、発するものはただの奇声である、といわれる。これは餓鬼などについても言えることである。

等活地獄

最初の等活地獄は生前生きものを殺したひとが堕ちるところで、いったんここに堕ちると、五百年は苦しみ抜かなければならない。しかし五百年といっても、この世界でいう五百年なのではない。人間の世界の五十年は、天上の世界にある四天王天《してんのうてん》（天界ではここが地上から一番近く、ここには持国天《じこくてん》・増長天《ぞうじょうてん》・広目天《こうもくてん》・多聞天《たもんてん》の四天王とその眷属《けんぞく》のものが住んでいる、という）では僅か一昼夜にしかならないが、この天での五百年がまたこの地獄では一昼夜でしかない、というのだから。だからこの地上の世界での年数に換算したら、それは気の遠くなるような歳月である。五十億に近い年月、毎日毎日苦しみ抜くことになる。ここでの苦しみについて、源信はこういっている。

ここの罪人はたがいにいつも敵愾心《てきがいしん》を抱《いだ》いていて、もしたまたま出会うと、猟師が鹿を見つけたときのように、それぞれ鉄のような爪でたがいにひっかき、傷つけあい、ついには血も肉もすっかりなくなって、ただ骨だけになる。あるいは地獄の鬼（獄卒）が、鉄の杖や棒を手にして罪人を頭から足の先までくまなく打ち突き、身体を土塊《つちくれ》のように砕いてしまう。あるいはとくに鋭利な刀で、料理人が魚や肉をさくように、ばらばらに肉を切りさく。ところが、涼しい風が吹いてくると、すぐ元のように生き返り、たちまち起きあがって、前と同じように苦しみを受ける。あるいは、これら罪人の生き返るときは、空中に「お前たち、みんな、元のように生き返るんだ」という声がするとも、あるいは地獄の鬼が二股《ふたまた》になった鉄棒で地面をたたきながら、「生き返れ、生き返れ」と唱えるのだともいわれる。

ところで、この地獄の四つの門の外には、これに付属した十六の特別のところがある。その全部について、それがどんなところか、経典も明らかにしていないから、その幾つかを示すと、まず「屎泥処《しでいしょ》」という小地獄がある。その名のとおり、屎《くそ》がどぶどろになっているのだが、それだけではなく、物凄く熱く、しかもにがい上に、そこにはダイヤモンドのように堅い嘴《くちばし》をもった虫が充満していて、罪人にくいつく。そして皮膚を破り、肉をくい、骨をかみくだいて髄を吸う。また「刀輪処《とうりんしょ》」という小地獄がある。周囲が大変な高さの鉄の壁ではりめぐらされていて、なかに猛火が燃えさかっている。しかも灼熱《しゃくねつ》の鉄がどしゃぶりの雨のように降る。またその名のとおり、刀の林があって、刃は鋭く、空からも両刃《もろは》の刀が雨と降ってくる。あるいは「瓮熱処《おうねつしょ》」といって、罪人を摑まえて鉄の瓮《かめ》にいれ、豆のようにじっくり煎《い》るところがあるし、「多苦処《たくしょ》」といって、さまざまな苦しみに代わる代わる責め抜かれるところや、「闇冥処《あんみょうしょ》」といって、まっ暗で、しかも闇火にやかれるところがある。この闇冥処ではまた、烈しい風圧の猛風が罪人をダイヤモンドの山にたたきつけて、砂礫《されき》を吹き散らすように、すり砕き、研ぎすました刀で切りさくように、熱風をあてる。そのほか、「不喜処《ふきしょ》」というところでは、昼夜の別なく火炎がもえさかり、嘴から熱い炎をはく鳥や犬や狐がいて、罪人にくいつき、肉や骨や髄をくい散らす、といっているが、これらの小地獄はそれぞれ生前に行なった罪の違いによって、その堕ちるところも異なっているようである。

等活地獄は、このわたしたちの住む世界の地下、一千由旬《ゆじゅん》（由旬は一説では、約一四・四キロメートル、九マイル）のところにあって、縦横の広さは一万由旬ある、という。

黒縄地獄

この等活地獄の下にあるのが黒縄地獄である。広さは同じであるが、ここでは、地獄の鬼が罪人の身体に縦横に墨縄《すみなわ》で墨を打ち、その墨のとおりに、熱した鉄の斧《おの》や鋸《のこぎり》でこまかくたち切って、撒《ま》き散らしたり、また熱い鉄の縄をたくさん交錯させてぶらさげ、そこに罪人を追いこんで、風を起こして縄を罪人の身体にからませ、肉や骨を焼き焦がしたりする。あるいは「左と右に大きな鉄の山があって、山の上にそれぞれ鉄の幢《はた》を立て、その幢の先に鉄の縄を張りわたし、その縄の下にはたくさんのにえたぎった鑊《かま》が置かれてある。地獄の鬼は、山と積まれた鉄のたばを罪人に背負わせて縄の上を渡らせ、はるか下の鉄の鑊のなかに落として摧《くだ》き、はてしなく煮る」ともいわれる。しかもここで受ける苦しみは等活地獄の比ではなく、十倍も重い上に、その期間も八倍を超える年月にわたる、といわれる。源信の説明によると、人間の世界の百年は、天上の忉利天《とうりてん》（天界では地上から数えて二番目の天で、これを三十三天ともいう。この天を主宰するのはいわゆる帝釈天《たいしゃくてん》である）の一昼夜にしか当たらないのに、この忉利天の千年がまたこの地獄の一昼夜でしかなく、しかもこの地獄に堕ちると、一千年は苦しみ抜かなければならない、ということである。ここには生きものを殺したり、盗みをはたらいたものが堕ちる。

またここにも小地獄があって、たとえば「等喚受苦処《とうかんじゅくしょ》」というところでは、「量り知れないほど高い嶮しい崖のうえに罪人を追いあげ、熱い炎をあげている黒縄で縛ってから、そのあとさらに、研ぎすました鉄の刀が林立している熱い地面に突き落とし、炎をあげている鉄の牙をもった犬にくわせ、身体の部分部分がすべてばらばらになり、大声をあげて呼び叫んでも、だれも救けてくれるものはない」といわれる。かつて、よこしまな考えを抱いて教えを説いたものや、すべてを放り出して自殺したものが、ここに堕ちる。またかつて、物をむさぼるあまり、殺人・強盗をはたらいたものは「畏鷲処《いじゅしょ》」という小地獄に堕ち、地獄の鬼に杖ではげしく打ちのめされ、追いまわされ、炎をあげる刀で切られたり、矢を射られる。

衆合地獄

黒縄地獄の下にあるのは衆合地獄である。ここの広さも前と同じである。ここには生きものを殺したり、盗みをはたらいたうえに、よこしまな淫欲にふけったものが堕ちる。おびただしいたくさんの鉄の山がたがいに向き合っているところへ、牛や馬などさまざまな形の頭をした鬼たちが責道具を手に手に罪人を追い込むと、山が両方から迫ってきて、罪人を圧しつぶし、身体はくだけ、血は淋漓《りんり》として地上にあふれる。あるいは鉄の山が天から降ってきて罪人を打ち砕き、砂の塊のようにしたり、罪人を石の上にのせて岩石で圧しつぶしたり、鉄の臼になげこんで鉄の杵《きね》でつぶしたりし、鬼たちや、熱い鉄でできた虎や獅子・狼などといった獣、烏・鷲などの鳥が先を争って罪人を食い荒らす。

さらにここには火と燃える鉄の嘴《くちばし》をした鷲がいて、罪人のはらわたを食いちぎって樹のてっぺんにひっかけて、おもむろにこれを食う。あるいは、そのなかに鉄の鉤《かぎ》が炎をあげて燃えている大きな河があって、河の水はどろどろに融けた灼熱《しゃくねつ》の赤銅《しゃくどう》で、罪人をその中におとして鉤にひっかける。罪人のあるものは浮かび、あるものは沈み、手をあげ、泣き叫んで救いを求めるが、助けるものはない。

またここには邪淫にふけったものが堕ちるといわれるが、それだけに邪淫による苦しみにさいなまれる。

地獄の鬼は地獄に堕ちたひとをつかまえて、刀のような葉をつけた樹々の林のなかにおく。その樹のてっぺんをみると、顔立ちの整った、奇麗に着飾った女がいる。それと見てとると、罪人はすぐさまその樹にのぼっていくが、樹の葉は刀のように罪人の身体の肉をさき、さらにその筋《すじ》をさく。そうして、身体じゅうを切りさかれてやっと樹にのぼりつめて、あの女は、と見ると、いつの間にか地上にいて、媚《こび》をふくんだ欲情のまなざしで罪人を見あげて、「あなたを慕って、わたしがここにおりてきたのに、どうしてわたしのところに来てくださらないの。どうして、わたしを抱いてくださらないの」と、こんなことをいう。これを見て、罪人は情欲をはげしく燃やし、樹をつたってまた下りはじめると、刀のような葉は上に向いていて、剃刀《かみそり》のように鋭く、前のように身体じゅういたるところを切りさき、やっと地上に下りると、かの女はまたもや樹のてっぺんにいる。罪人はこれを見ると、また樹にのぼりだす。こうして量り知れない百千億年にわたって、自分の心にたぶらかされて、この地獄のなかでこのようにどうどうめぐりを繰り返す。

こうして罪人は苦しみに責め抜かれ、犯した罪の深さを思い知らされるが、その期間はすでに「百千億年」といわれたように、果てしなく長い。人間の世界の二百年をもって一昼夜とする夜摩天《やまてん》（地上から数えて三番目の天で、閻魔王とその起源を同じくしている）の二千年がこの地獄の一昼夜にしか過ぎない、といわれるから、この地上の年月でいえばどういう計算になるか。しかもこの地獄に堕ちると、二千年は責めさいなまれなければならないのである。黒縄地獄の八倍を超える歳月をここで送るわけである。

ここにも十六の小地獄がある。たとえば「悪見処」とか、「多苦悩処」とか、「忍苦処」などと呼ばれるものがそれで、このうち「悪見処」は、他人の子供に間違ったことを強制して苦しめたものの堕ちるところで、とくに罪人は自分の子供も同じようにここに堕ちて、鉄の杖や錐《きり》で陰部を突き刺されたり、鉄の鉤を陰部に打ちつけられたりして、苦しめられるのを見る苦しみにさいなまれなければならない。子供を愛おしむ余り、心もたまぎえ、悲しみに堪えることができないが、この苦しみを味わうことも、みずから火に焼かれ、頭を下にさかさ吊りにされて、肛門からどろどろにとけた銅を流しこまれる苦しみの比ではない。流しこまれた銅は体内を焼いて、口から流れでる。

また「多苦悩処」は、よこしまな男色にふけったものが堕ちるところで、ここでもかつて関係を結んだ相手の男を見て、身体じゅうは炎のように熱くなり、相手に抱きつくと、身体がばらばらになってしまう苦しみを受け、死ぬとまた生きかえって、そこから逃げだしても、嘴から炎をはく鳥や口から火をはく狐にかみつかれ、くわれる。また「忍苦処」は、かつて他人の婦女を奪ったものが堕ちるところで、さかさ吊りに樹の上にひっかけられ、下から火を燃やして焼かれる苦しみを受ける。身体が焼けきると、また生きかえって、焼かれる。救いを求めて叫ぶと、口から火がはいって、内臓が焼ける。

叫喚地獄

衆合地獄の下は叫喚地獄である。ここの広さも前と同じで、変わりはない。

この地獄の鬼には、黄色い頭の、眼から火をだす鬼がいて、赤い着物を着、手足が長く大きく、風のように疾走し、罪人に矢を射かける。あるいは鉄の棒で罪人の頭を打ち、熱い地面の上を走らせたり、熱い炒鍋《いりなべ》にいれてひっくりかえしてあぶったり、熱い釜に投げこんでぐつぐつ煮たり、また猛火で包まれている鉄の部屋に追いこんだりする。そして金鋏《かなばさみ》で口をこじあけ、煮えたぎった銅をながしこんで内臓を焼きつくす。

ここには、生きものを殺し、盗みをはたらき、よこしまな淫欲にふけった上に、さらに酒をのんだりしたものが堕ちるが、そこで苦を受ける期間は、この人間の世界の二兆年を超える歳月である。源信の記すところによると、この世界の四百年をもって一昼夜とする兜率天《とそつてん》(地上から数えて四番目の天で、次の世に仏となって現われる菩薩がその最後をここで過ごす、という。釈尊もこの世で仏となる前はここにいた、といい、次に仏となって世に現われる弥勒もいまここにいて、教えを説いている、という）の四千年がこの地獄の一昼夜で、しかもいったんここに堕ちると、四千年を毎日責め抜かれる、というのである。

ここにも付属の小地獄がある。たとえば、「火末虫処《かまつちゆうしよ》」というところは、かつて酒を水増しして売ったもの（大乗仏教では、酒をのむことよりも、売る方を罪は重いと見ている）が堕ちて、病気という病気のすべてに罹るもので、そのなかのあるものは病勢が激しく、一昼夜に全世界のものを死に至らせるほどである。また「雲火霧処《うんかむしょ》」は、かつて他人に酒を勧めて酔わせたうえ、からかい、ふざけて、笑いものにして、そのひとを辱しめたものが堕ちるところで、天に冲《ちゅう》する大火炎が満ちみち、このなかに追いこまれると、頭から足まですっかりとけてなくなる。地獄の鬼が罪人をとらえて火のなかから上げると、また生きかえり、生きかえるとまた火のなかに追いこまれて、はてしない苦しみに責め抜かれる。

源信は、この地獄の苦しみが酒によるものであることを、『正法念処経』にいう、地獄の鬼の詠った詩を借りて、こう示している。

み仏《ほとけ》の　おわせし時ゆ
愚痴おこし　道をそこない
火のごとく　さとりを焼けり
酒こそは　そをなせしもの
(仏の所《みもと》にて痴《ち》を生じ　世、出世の事を壊《ゑ》し　解脱を焼くこと火の如くなる　謂《い》はゆる酒の一法なり)

大叫喚地獄

叫喚地獄の下は大叫喚地獄である。広さは前の地獄と同じで、苦しみの様相も名前のとおり同じであるが、ただその苦しみの度合いは十倍も重く、その期間も同じように前の地獄の八倍である。源信の説明をかりると、人間世界の八百年を一昼夜とする化楽《けらく》天（地上より数えて五番目の天。楽変化天《らくへんげ》ともいう）の八千年がこの地獄の一昼夜でしかないのに、一度ここに堕ちると八千年は出られないのである。ここには、生きものを殺したり、盗みをしたり、よこしまな淫にふけったり、酒をのんだりした上に、嘘をついたりしたものが堕ちる、という。

苦しみの様相は叫喚地獄と同じだから、取り立てて言うものはないが、ここに付属した小地獄についていえば、そのなかの「受鋒《じゅぶ》苦《く》処《しょ》」は、罪人の唇と舌を、熱したするどい針で刺し通して苦しめるところである。また「受無《じゅむ》辺苦《へんく》処《しょ》」では、鬼が熱い鉄の金鋏《かなばさみ》で罪人の舌を抜いたり、眼をくり抜いたり、剃刀《かみそり》のような鋭利な刀で罪人の身体を切りきざむ。舌や眼は、抜かれ、くり抜かれると、また元のように生え、生えるとまた同じことを繰り返されるが、これらはすべて嘘をついた報いであって、嘘をつくと舌を抜かれる、という言葉はここからきているようである。

焦熱地獄

大叫喚地獄の下は焦熱地獄である。広さは前と同じであるが、ここには生きものを殺したり、盗みをはたらいたり、よこしまな淫にふけったり、酒をのんだり、嘘をついたりした上に、さらによこしまな考え（邪見）を抱いたりしたものが堕ちる。

　この地獄はその名のとおり、火が焼け焦がすところであって、この火はたとい豆粒ほどのものであっても、優にこの地上の全世界を焼き尽くすことができるし、罪人の身体は若草のように軟らかいから、この火に会ってはひとたまりもない。前の五つの地獄の火も、この地獄の火に較べたら、雪か霜のようにつめたい。しかもそうした地獄で、罪人たちは大叫喚地獄の八倍も長い期間にわたって責め抜かれる。源信の言葉をかりていうと、こうである。

> 地獄の鬼は罪人を捕えて、熱い鉄の地面に横たえ、仰むかせたり俯《うつ》むかせたりして、頭から足まで大きな熱した鉄の棒で打ったり突いたりし、肉団子のようにしてしまう。あるいはものすごく熱い大きな鉄鍋の上において、猛火で罪人をあぶり、左右に転がし、腹や背を焼いて薄くする。あるいは大きな鉄串《てつぐし》で肛門から突き刺して頭に貫きとおし、くりかえし火にあぶって、罪人のさまざまな器官や毛孔、口のなかまでも、すっかり火をはくほどにする。あるいは熱い鉄の釜にいれ、または熱い鉄の高楼《たかどの》に置くと、鉄の猛火がはげしく燃えて、骨や髄にしみとおる。

　ここにも付属の小地獄がある。「芬茶離迦処《ふんだりかしょ》」とか、「闇火風処《あんかふうしょ》」といったところがそれで、前者では罪人の身体じゅう、芥子《けし》つぶほども火炎に包まれないところがないほど、全身が火ともえる。水を求めて走ると、鬼が、ここに蓮華（芬茶離迦）の池があるぞ、といって誘うから、つられて走ると、路のほとりの坑《あな》におち、坑のなかの猛火にやかれて、身体じゅう焼け切ってしまう。焼け切ってしまうとまた生きかえって、苦しみを受けることは他の地獄と変わらない。幸いここを抜けだして池にたどりついても、蓮華から燃え上がる炎は罪人の身体を焼きつくす。

また「闇火風処」では、罪人は悪風によって空中高く舞い上げられ、車輪のようにくるくると回転させられて、新たに巻きおこる太刀風《たちかぜ》によって、砂のように細かに砕かれ、十方（八方・上下）に撒きちらされる。そしてまた生きかえる。

これらはいずれも、よこしまな考えを抱いたことの報いであるが、『霊異記』の上巻には、よこしまな考えを抱いた、名前だけの見習い僧がその報いを受けたことについて記しているから、それを掲げて置こう。焦熱地獄の名は見えないけれども、それを予想したものであろう。

この僧は姿形だけが僧で、心は盗賊とかわりがなく、塔を造ると詐称して財物をかすめとっては女との生活の資にあて、寺に住みこんで、塔の柱を切って焼くなど、「法を汚し、人を誑《たぶらか》し」て、罪を重ねていた。あるとき、たちまち病気にかかり、熱い熱いと叫び狂い、おどり上がって苦しんだ。ひとびとはこれを見て、どうしたのだ、と問うと、「地獄の火が迫って来て身を焼くから、このような苦しみを受けているのだ」と答え、救いようもないまま、その日のうちに死んだ。

まさに焦熱地獄を生きながら味わわなければならなかった、あわれな僧の話であるが、この見習い僧は、石川の沙弥《しゃみ》といい、妻が河内《かわち》の石川（大阪府南河内郡）の出だったから、その名がある、という。この話は『今昔物語集』（第二十巻）にも載っている。

大焦熱地獄

第七の大焦熱地獄は焦熱地獄の下にあって、広さも苦しみの様相も同じであるが、苦しみを受ける度合いは十倍も重く、その期間は比較を超え、一中劫《いちちゅうこう》（一説によれば、人間の寿命は、少ないときは十歳から多いときは八万歳にまで達するが、そこには一定の増え方があって、百年に一歳ずつ増して十歳から八万歳まで増えるもので、この増加過程を一中劫とする。そして八万歳に達するとまた減少しはじめ、十歳までへって行く、とするもので、このような増減を繰り返すことになる。一説では最上限を八万歳とはしないで、量り知れないほどの寿命とする）の半分、とされる。

ここには、焦熱地獄に堕ちたものが犯した罪のほかに、さらに仏の定めた戒律を正しく守っている尼を犯して、罪を重ねたものが堕ちる。

源信の説明では、ここに堕ちるものは、死んでからここに至るまでの間に、あらかじめこの地獄の有様を見せられる、として、閻魔王のもとに手下の鬼によって導かれることを記している。閻魔王については、餓鬼のところで触れる。

そこには閻魔王の手下の鬼たちがいて、恐ろしい形相《ぎょうそう》を顔にあらわし、手足はひどく熱く、身体をねじり、肱《ひじ》を怒らせている。これを見ると、罪人は極度に恐れおののくが、雷のとどろくような声を聞くと、罪人の恐怖はさらに増大する。その手には鋭い刀をとり、ひどく大きな腹は黒雲のような色をし、眼の炎は灯火のように燃え、鉤のようにまがった牙は鋒《ほこ》のように鋭く、臂《ひじ》も手もみな長く、身体を揺り動かして威容を示すと、身体じゅうの部分がはげしくもりあがる。こうしてさまざまな恐ろしい形相をして、罪人の咽《のど》をしっかり摑まえ、そのまま連れ去って、六百八十由旬のかなた、陸地や海や島や城を通りすぎ、海の外側に出てから、さらに三十六億由旬を過ぎ、漸次下に向かって十億由旬をくだって行く。すべての風のうち、罪人の罪が招いた風（業風《ごうふう》）がもっともはげしいが、このような風が悪業《あくごう》のひとを連れさって、閻魔王のところへつれてくる。そこにつくと、閻魔王はさまざまに罪人を責め、叱りつける。責め叱られてから、罪人は犯した悪業の綱に縛られて、そこを出て地獄に向かう。はるかに遠く大焦熱地獄の一面に燃えあがっている炎を見、また地獄の罪人の泣き叫ぶ声を聞き、悲しみと恐ろしさのあまり、量り知れない苦しみを受ける。このようにして、百千億という、量り知れない無限の歳月にわたって泣き叫ぶ声を聞き、これによって、十倍する恐れにおののき、驚き恐れる。すると閻魔王の手足の鬼が罪人を責め叱りつけていう。

地獄より　　聞こえし声に
かくのごと　　すでにおそるる

地獄にて　焼かるるときは
乾きたる　薪草《しばくさ》のごと
焼ける火は　まことの火かは
悪業の　火の焼けるなり
火の焼くは　消ゆべきものを
業《ごう》の火は　消すことかたし

このように心をこめて責め叱ってから、罪人を連れて地獄に向かうと、大きな火焔がむらがり燃えている所がある。その火のむらがり燃えあがっている高さは五百由旬もあり、その広がりは二百由旬もあるが、その火焔のはげしさは、罪人のつくった悪業のはげしさである。ここにくると、鬼は突然罪人の身体を放り出して、この火焔のかたまりのなかに堕とす。ちょうど大きな山の崖から突き放して、また嶮しい崖のうえに突きおとすように。

この地獄の苦しみの様相については、源信はまったく触れようとしていない。それは、すでに焦熱地獄によって代わって語らせようとしたからであるが、ここに付属した小地獄については、いくつか特殊なものをあげている。いまその一つをあげると、「普受一切苦悩処《ふじゅいっさいくのうしょ》」というところがある。ここでは、鬼は罪人の身体の皮膚を、肉をきずつけないようにして全部剝ぎとって、罪人の身体と一緒に熱い地面の上に敷きならべ、火で焼いたり、どろどろにとけた熱い鉄を身体にそそいだりする。ここには僧の身でありながら、仏の定めた戒律を守っている清浄な女性を誘惑して酒をのませ、自制心を失わせてこれと情交をともにし、あるいはさらに金品を与えたりしたものが堕ちる。

阿鼻地獄

最後が阿鼻地獄である。「阿鼻叫喚」という言葉があるが、阿鼻はこの地獄を指し、サンスクリット語のアヴィーチ（avīci）をそのまま音写したものである。訳して無間《むけん》地獄とも称する。

この地獄は、縦横の広さが八万由旬もあり、七重の鉄の城壁と七層の鉄の網ではりめぐらされ、下にはさらにこれを隔離する十八の壁があり、刀の林がこの周囲をめぐっている。しかも林の四隅に四匹の銅でつくられた犬がいて、身長は四十由旬、眼光炯々《けいけい》として稲妻のような光を放ち、剣のような牙と歯をむきだし、舌は鉄の刺《とげ》のようである。毛孔《けあな》からは猛火をふき、その火煙は悪臭を放っていて、とてもこの世のものでは喩《たと》えようもない。また地獄の鬼は十八人を数えるだけだけれども、その形相はものすごく、頭は羅刹《らせつ》（サンスクリット語のラークシャサ rākṣasa の音写で、悪鬼である。人の血肉を食べ、空中や地上を疾走する）、口は夜叉《やしゃ》（サンスクリット語のヤクシャ yakṣa の音写。訳して能噉鬼《のうだんき》、捷疾鬼《しょうしつき》などというように、人を害し、空中を飛行する、一種の鬼）のようで、六十四の眼をそなえて、鉄の塊をそれよりふきあげ、まき散らし、鉤のように曲がった牙を四由旬も高く突き出して、牙の先から火をふき流している。それればかりではない。頭の上には牛の頭を八ついただき、それぞれ十八本の角《つの》を生やし、角の先からも猛火をふき出し、それらがこの地獄の城を覆いつくしている。さらにこの七重の城には七本の鉄の幢《はた》が立っていて、その先からも噴水のように火がふき上げて、城内に充満しているし、城の四つの門の閾《しきみ》の上には八十の釜があって、沸騰した銅がふき出し、城内に流れこんでいる。

またここには隔離の壁と壁の間に、八万四千の鉄の蛟《みずち》や大蛇がいて、毒や火炎を吐き、それがまた城内に溢れているし、万雷の轟《とどろ》くような声で咆《ほ》えながら、鉄の大塊を雨と降らせている。あるいはまた五百億というおびただしい多くの虫が八万四千の嘴から火をはき、この虫が下りてくるとき、地獄の火は一段と燃え上がり、地獄は隈もなく照らし出され、苦しみもここに極まる。

したがってこの地獄での苦しみは、先の七つの地獄やそれらに付属した小地獄のすべての苦しみを一つに合わせても及ぶところではなく、千倍もはげしい。この地獄の苦悩を耳にするひとは、恐ろしさに堪えられないで死んでしまうほどである。まだかつて千分の一もこの地獄について説明されたことがないが、これを説いた、その一端を『往生要集』が収める『瑜伽論《ゆがろん》』の第四巻によって見ると、こう記されている。

東、数百由旬のかなたに、三熱《さんねつ》(『瑜伽論』では「焼然《しょうねん》・極焼然《ごくしょうねん》・徧極焼然《へんごくしょうねん》」の三然、すなわち三燃であるが、（源信は燃を熱と改めて、説明している）の広漠とした鉄の地表から燃えさかる猛火が火焔を巻きあげて襲って来て、地獄の罪人を刺し、皮を破って肉にはいり、筋肉を断ち切って骨をくだき、またその骨髄にまで徹《とお》って、蠟燭《ろうそく》のように焼く。こうして、身体じゅうがまったく猛焔と化してしまう。東の方から猛火が襲って来たように、南や西や北からもこれと同じように襲ってくる。このために、この地獄のひとたちは、猛焔と猛焔がとけ、まじり合った、ただ火のかたまりが四方から寄せて来るのを見るだけである。火焔は火焔と隙間なくとけ、まじり合い、それだけに受ける苦痛にも間断がない。ただ苦しみに迫られて泣き叫ぶ声が聞こえるから、ひとがいるとわかるだけである。

また地獄の鬼は、鉄の箕《み》に三熱の鉄と炭をもりあげ、これから罪人をあぶりそろえたり、あるいは熱い鉄の地面において、罪人に大きな熱い鉄の山に登らせ、あがってはおろし、おろしてはまたあがらせる。罪人の口から舌を抜き出し、しわのないように、ちょうど牛の皮を張るように、たくさんの鉄釘を打ってのばす。またさらに熱い鉄の地面に仰向きにねかせ、熱した金鋏で口をはさんで開かせ、三熱の鉄の塊をその口のなかにいれると、口や咽喉《のど》を焼き、臓腑を焼きとおして、肛門からでてくる。

その残酷無残なほどは少しは察することができるが、これがここでは一中劫も続くのである。したがってここに堕ちるひとの罪もそれに応じた悪逆非道のものであって、この地獄に堕ちる罪であるためにその名のある五無間業（五逆といい、父を殺す、母を殺す、聖者として最高の位にある阿羅漢《あらかん》を殺す、仏の身体を傷つけて血を流させる、教団の一致和合を破壊して分裂をおこさせる、といった五つの重罪）を犯したものや、大乗の教えを誹謗したもの、四重罪（淫慾《いんよく》にふける、盗みをはたらく、ひとを死に至らせる、いつわって聖者のさとりをえたと自称する、といった出家として最も重い罪）を犯しながら、信者の布施を受けてのうのうと暮らしていたものがここに堕ちる。

またここにも付属の小地獄が十六あることは前と同様で、「鉄野《てつや》干食処《かんじきしょ》」とか、「黒肚《こくと》処《しょ》」、「雨《う》山聚処《せんじゅしょ》」、「閻婆《えんば》度《ど》処《しょ》」などがそれである。その一、二について触れると、いろいろな地獄の苦しみのうちでもっとも激しいところといわれている「鉄野干食処」は、その名のとおり、牙から炎をはく狐（野干）がいて、鉄の瓦が夕立のように降って来て、罪人の身体を乾肉のように砕くと、かならずやって来て罪人を食いちらし、絶え間なく苦しみを与えられるが、また罪人の身体自身も十由旬も高く火柱をあげて火と燃えるところである。ここには、かつて仏像を焼いたり、僧房や僧の寝具を焼いたりしたものが堕ちる。

また、かつて、仏に属した金品を盗んで生活の資に当てたものは「黒肚処」に堕ちるが、ここは飢えと渇きにさいなまれるところで、罪人はついには自分の身体を食って、その飢渇をいやして死ぬ。しかし死ぬとまた生きかえって食う。またその名のごとく、黒い腹の蛇がいて、罪人に巻きつき、足の先から徐々に呑みこんだり、あるいは罪人が猛火のなかで焼かれたり、釜で煮られたりする。

そのほか、鉄の山が雨と降って罪人を砂礫のように打ち砕いてしまう「雨山聚処」、閻婆《えんば》という名の、象のように身体が大きい鳥のいる「閻婆度処」などがあるが、いまは詳しくは触れない。

ダンテの『神曲』の地獄と対応して

八熱地獄の様相についてはもちろん以上で尽きたわけではない。また八寒地獄や孤地獄などもあって、それだけ人間の業《ごう》の多様なすがたを窺い知ることにもなるわけであるが、いまは触れない。それよりもここで想起するのは、キリスト教的な地獄の受け取り方とどう違っているか、といったことである。これについては、源信よりも時代は少し下るが、ルネッサンス期を飾った代表者であるダンテ・アリギエリ（Dante Alighieri）（一二六五—一三二一年）の『神曲（La Divina Commedia）』があるから、これと対照させて見るのもおもしろいかと思われる。ただこの二つの比較対照に深入りすることはやはり横道であるし、また制約もあるから、一、二の点に絞って、見るだけに止める。

まずこの『神曲』が純然とした文学的な創作であって、譬喩《ひゆ》を駆使した作品であるという理解に立って対照しなければならないが、こうした作品がもつプロットの立て方にもよるのだろうが、先導者に伴われて地獄界を見て歩くダンテの立場はほぼ傍観者のそれであることが認められる。悲しみや歎きの声を聞き、星も輝かない空にひびき渡る叫喚を耳にして涙を流しながらも、ここに堕ちたものはいずれにしても罪を犯した劣悪のものであるとする立場が先に立っているようである。ときには淡々としてかつて犯した罪状をもならべ立てて行くのであって、ここに堕ちたものとは一線を画して、優越を抱きつつ傍観することを正しいとする態度に終始しているように見える。それは一つには、この地獄の責め苦が神の裁きによるものであり、神の定め与えた苦悩だから、どうすることもできない当然なことなのだ、とするところから来ているのであろう。地獄の刑を受けて苦しんでいるのを見たダンテが、涙を禁ずることができないでいるのを見て、導者ウエルギリウスがダンテに向かって「おまえまでまだそんな愚かしい真似をするのか？　ここでは情を殺すことが情を生かすことになる。神の裁きに対して憐愍《れんびん》の情を抱く者は　不逞の輩の最たるものだ」と語った言葉（第二十歌。平川祐弘訳によった〔『世界文学全集』第三集三、ダンテ『神曲』河出書房新社、一九六六年。のち河出文庫、全三巻、二〇〇八―〇九年〕）や、地獄の鬼についてダンテが「天の思召しで鬼どもは　第五の谷では仁王のように振舞えるが、そこから外へ出る力はみな剝奪されているからだ」（第二十三歌）といっている言葉にはっきりとうかがい知られる。かれはみずから信仰のあついことを自任し、みずからはこのように裁かれるはずもないといった安心感を抱いているようである。

しかしもっと注目されることは、ときとして地獄に堕ちたものの素性を洗い出して、その苦しみの姿に冷酷な憎悪や復讐の言葉さえ投げかける敵対者の位置をとることである。罪人を責め苦しめる鬼たちの尻馬に乗って、痛快がっているところが多いのである。そしてかれが地獄の「濠の中の一部始終と　そこで焼かれている連中を見たいと思った」（第二十二歌）とするのも、そのためであるらしい。その罪人について「ちょうど堀の水際で　蛙が脚や体を隠して　鼻面《はなづら》だけを水面に出しているように」鼻面をだして浮んでいる、といったり、「瀝青《チャン》で粘《ねば》ついた男の髪に鉤をひっかけると　そいつを上へ吊しあげた、まるで獺《かわうそ》にそっくりだ」といった言葉はただの叙述ではなく、侮蔑と憎悪から発せられた以外のなにものでもない。そしてこの心が、罪人の苦しむさまを愉快な遊びとさえ呼ばせている。「ああ読者よ、聞いてくれ、空前絶後の勝負が起ったのだ」（他の訳では、勝負は戯れと訳されている）といっていることなどは、その端的な現われである。源信が「わたしのような愚かなものが」と反省懺悔して、ともすれば地獄にまでも堕ちてゆきかねない自己をかえりみているのとは大きな差があるといえよう。

また地獄の責め苦についていえば、それが、かつて犯した罪によることは仏教と変らないが、仏教がそれを業苦《ごうく》として、すべて罪人みずからの犯した罪の行為がそう決定したのだ、と見るのとは、大きな距《へだ》たりがある。罪苦の決定は神により、神が裁く。仏教にも閻魔王を考え、ここで罪が決定されるとするけれども、これはどこまでも第二次的なもので、その罪の赴くところが公正であることを語ろうとしたものであり、いってみれば複雑な計算を的確かつ迅速にやってのける電子計算器の役割に似ている。そして鬼がすでに幻のものであると同様、この罪の裁定者も幻のものであり、罪人の悪業の所産にすぎない。終始、罪人の業が主体となり、業によって一切が決定する、と見る。大焦熱地獄のところで、「その火焔のはげしさは、罪人のつくった悪業のはげしさである」といっていることも、これを語っている。しかしダンテでは、罪苦は「天の裁き」であり、「正義」によるから、それは絶対であり、その苦しみの様相に接して、憐愍の情をもって涙することは、神を恐れない「愚者」の態度であり、神を冒瀆するものであり、したがってそのこと自体、罪悪である、とされる。鬼もまたこの「裁き」のためにそのように仕向けられた下僕にすぎない。

次に地獄の責め苦の様相について見よう。ダンテの記す地獄は、アケロンテの川を渡って、その対岸から始まるが、そこから第一、第二と、段々深みにはまるように激しい苦悩の様相が展開される。しかしその激しさは、第七地獄の断崖の下にある第八地獄に至って一段と恐ろしさを加えるようであるから、いまここに目を注いで見ることにする。しかしこの第八の地獄は十の渓《たに》に分かれている（これを「濠《ボルジャ》」という）から、このなかの幾つかを藉《か》りて示すことにしよう。

まず第七の濠の橋を渡って堤より下を見下ろしたとき、おびただしい毒蛇の群れが盗みを犯したものたちを苛責《かしゃく》している光景が展開したことについて、「この凶悪無残な群の中を［身を隠す］穴や血宝石《エリトローピア》（蛇の毒を消す宝石）を見つける当てもなしに、狼狽した素裸の人々が逃げまわっている。両手は背中で蛇でもって縛られ、その蛇が股の間から尾と頭とをもたげ、腹の前にからみついてとぐろを巻いている。するとおお見ろ、私らがいる岸のすぐ目の前で蛇が一匹躍り上り、そこにいた男の首のつけ根に咬《か》みついた。OともIとも書くいとまもあらばこそ男はたちまち火を発して燃えあがり、全身ことごとく灰と化して倒れ落ちた。こうしていったんは地面に崩れ落ちたが、灰はおのずから集まると、たちまちまた原《もと》の姿に復した」（第二十四歌）と記し、不死鳥《フェニックス》のように死んではまた生きかえって苛責を受ける罪人の姿を、血の凍る思いがするといいながら、見据えている。そしてこの同じ濠において、さらに異状な、蛇と人との変形がなされるさまを、読者ばかりか、まのあたりにしたものさえも信じられないのだ、と記しつつ、「いきなり六またの大蛇が一匹　その一人に躍りかかり、全身にからみついた。中脚で男の腹を締めつけ、前脚で男の腕をつかみ、それからおもむろに左右の頬に嚙みついた。後脚は男の股の上を匍《は》わせ、尾はその股間にさしはさみ、臀《しり》の後から背中へかけて上へのばした。この恐ろしい畜生がその肢体《からだ》を　いま人の体に捲きつけたほど　蔦《つた》が樹にからみついたためしはかつてなかった。両者はぴったりとくっついた、まるで熱くなった蠟《ろう》のように、色も混じって、どちらがどちらだかもう正体もわからない。……たちまちに二人の頭が一つとなり、二人の容姿はまじりあって、一人の顔と化したが、両者の面影はそこから失せた。二本の腕が四本の手足からできあがり、足腰や腹や胸が　見たこともない肢体《からだ》に化けた。もとの名残はいっさい失せ、異形の姿は人とも蛇とも何ともつかぬ格好で、足取りも重く立ち去った」（第二十五歌）と語っている。異様とも怪奇とも言いようのない、グロテスクな蛇と人との変形である。

　また第九の濠では、次のような状景が展開する。ここでは宗教上の不和・分離の種をまいたものが苛責を受けるさまが記されているが、とくにその代表者と見たのであろう、回教の祖マホメットを拉《らっ》して来たことは注目される。「たがのはずれた酒樽《さかだる》にしても、私が見た男ほど真二つに割れてはいなかった、彼は頤《おとがい》から屁をひるところまで裂けているのだ。脚の間に大腸がぶらさがり、呑みこんだ食物を糞にする不潔な［胃］袋やはらわたも見えた。私が夢中になって彼を見つめていると、彼も私を見返し、両の手で胸の傷口を開いて、叫んだ、「さあ、俺が俺の体をどうやって引き裂くか見ておけ！　めった斬りにされたマホメットがどのようなざまか見ておけ！　俺の前を泣きながら行くのはアリー（マホメットの従兄弟《いとこ》）だ、頤から額の髪の生え際まで顔を真二つに割られている。おまえがここで見かける奴はみな生前　中傷をこととし分裂禍根の種を播《ま》いた、だからこんな風に割られている」（第二十八歌）

ダンテが記す地獄の様相はこれに尽きない。首のない身体が切られた首を提灯《ちょうちん》のように手にさげて行くあわれなひとたちの群れ、全身瘡《かさ》に覆われ、爪で痂《かさぶた》を魚の鱗《うろこ》をかきおとすように掻いているもの、足を股のつけねより失い、腹は水腫の病にふくれて、身体の形が琵琶のようになりながら、一滴の水を求めて渇をいやそうとするものなど、異様なすがたがさまざまに示されている。

これらを源信の記した地獄と対応するとき、その地獄の残忍冷酷さはその叙述においてさして差はないと思われるが、ただ異なるところは、さきの蛇と人とがとけ合わさって行くグロテスクな様相などは、源信には見られないということである。しかもその蛇は、注釈によると、チャンファという名の盗賊が姿を変えたものだ、という。盗賊が蛇と生まれて、ここに堕ちたかつての盗人と合体し変貌するということは、罪の苛責なのか、ただのグロテスクに終わるものなのか、はっきりしない。ものの考え方の根底がこのようにかかわると、神の、罪を「懲らしめてやまぬ仮借ない正義」（第三十歌）から逸脱して、ただのグロテスクな戯れに走った感がする。このあたりが、よかれあしかれ、文学的作品である所以《ゆえん》かも知れない。

またマホメットという実名をあげて、地獄に堕ちた姿を叙述した点も異状である。すでに先にも見たように、ダンテは罪人の素性を洗いだして、かつて自分と敵対関係にあったものが地獄に堕ちたさまを冷然と無情に見下ろし、侮蔑と罵倒さえ投げ与えているけれども、源信にはこのような冷酷さはまったくない。まして異教徒を実名をあげて憎悪するといったことも皆無である。異教を信ずることは源信ではよこしまな考えを抱くこと（邪見）のなかに含まれるが、具体的に何を指すということはしない。それだけ、感情の赴くままに流されて、勝手気ままな饒舌を弄するダンテの行き方とは逆に、冷静で理智的な態度を保持し、罪とそのよって生じた果《か》としての地獄の様相を見きわめようとしていることが肯《うけが》われる。

以上はごく僅かな、限られた範囲での対照である。さらに注意される相違があるけれども、いまは深入りすることをひかえたい。結局は、地獄を縦に上から見下ろすものと、同列として、同等の可能性において、横に見るものとの差かもしれない。ただ次に源信に立ち戻るに当たって注目される点をいえば、ダンテの地獄界には、先の一滴の水を求めて渇をいやそうとする水腫のものの例でもわかるように、仏教でいう餓鬼のようなものが一緒に含まれていて、区別がないが、仏教では地獄のほかにも、これに類するものがある。いまはこれについて触れなければならない。

餓鬼と畜生と阿修羅

源信によると、餓鬼の世界は二つに整理され、一つは、地下五百由旬のところにある閻魔王の国、二つは、人間界と天界との間にある、という。しかし源信自身は前者についてまったく触れないから、普通いわれているところをごく簡単に伝えると、閻魔は先に衆合地獄のところで触れた夜摩天《やまてん》と同一語で、サンスクリット語では同じくヤマ yama と書き、これは焔摩・夜摩などとさまざまに音写される。もとはインドのヴェーダ時代の夜摩神で、この神の住所は天上の楽土にあって、死者はここに行くとされたが、後には下界に転じて、死者をその生前の行為によって審判する神とされるようになり、これが仏教に取り入れられて、一つは夜摩天となり、他は閻魔王となったのである。しかし閻魔王の住所については、種々の解釈があって、源信の考えとは別に、地獄とするものや、地獄・餓鬼・畜生などの世界と別のところにあるとするものなど、雑多である。源信では、大焦熱地獄や阿鼻地獄の箇所で見られたように、すでに地下にあるという立場をとっている。いずれにしても、この閻魔王の思想は中国にはいって道教などと混合した結果、そこに五官王・八王・十王などの考えを生み、閻魔王は裁判官である十王の一つとなった。わたしたちが知っている閻魔王のイメージは、ここらに起こっている。

さていわゆる餓鬼について源信が伝えているものは、比較的多彩である。ここには「物おしみをし、貪《むさぼ》り、嫉《そね》み、妬《ねた》んだものが堕ちる」とされ、「人の世の一か月を一昼夜として」

五百年にわたって苦しまなくてはならない、というが、その苦しみの様相にはたとえば次のようなものが見られる。

ある餓鬼は鑊身《かくしん》と呼ばれ、身体は人間の倍もあって大きく、顔や目がない。手足は釜の脚のように身体を支えているだけで、熱い火が身体じゅうに充満して身を焼いている。むかし財物を貪り、生きものを殺したものが、この境界《きょうがい》に堕ちて報いを受ける。また食吐《じきと》という餓鬼がいる。身体が大きく、半由旬もあって、その名のごとく、吐きだしたものをあさり求める。自分だけ美食して家族のものにも与えようとしなかったものが、この報いを受ける。あるいは食水《じきすい》と名づける餓鬼は、飢えと渇きに身をこがされ、水を求めて探しまわるが、長い髪が顔を覆いかくしてなにも見えないから、空しく苦しむだけである。わずかに河を渡ったひとの足からしたたり落ちる滴《しずく》をのんで、生命をつなぐ。たまたま水を見つけて、自分からのもうとすると、水を守っている鬼がいて、鞭でしたたかに打つから、のむことはできない。この餓鬼は、かつて酒に水をまぜて売ったり、蚯蚓《みみず》や蛾《が》を水に沈めて非道を行なったりしたものだ、という。

このほか、祭壇でたかれる香の匂いをかいで、やっと露命をつなぐ食気《じきけ》という餓鬼、寺で僧が説法したり祈禱したりするのを聞いてやっと生命をつなぐ食法《じきほう》という餓鬼、祖先をまつる供えもののほかは何一つ食べることのできない希望《けもう》という餓鬼などもいる。しかし多くは直接、口の飢渇に苦しみ、僅かに朝露で生命をつなぐもの、死骸を食べてようやく生きているもの、はては昼夜それぞれ五人の子を生み、生んではこれを食べて、それでもひもじさから逃れられないもの、自分の頭を破って脳をとり出し、それだけしか食べることができないもの、または糞や膿や血や、器物の洗い残しだけを食べるもの、などといった類がほとんどである。「口は針の孔のように小さいが、腹が山のようにふくれあがっている」とか、食べたものが炎となって身を焼き、口からふきでる、といったイメージは、こうした餓鬼の典型を語っている。

　ただこのような餓鬼には幽鬼のような恐怖感はあまりわかない。どちらかといえば、風刺的な性格が強かったためか、古くは滑稽的な印象をもって受け取られたらしい。『万葉集』に詠まれている例でいえば、「相思はぬ人を思ふは大寺の餓鬼の後《しりへ》に額《ぬか》づくごとし」（第四巻）、「寺々の女《め》餓鬼申さく大神《おほみわ》の男《を》餓鬼賜《たば》りて其の子はらまむ」（第十六巻）に見られるように、嘲笑や揶揄の材料につかわれているのみで、餓鬼そのものに対する恐怖感はうかがわれない。源信が以上のように整理した後でも、その影響を受けて描かれた『餓鬼草紙』には、やはりその点が稀薄で、風刺的な印象の方が強い。そしてこのことは阿修羅にも通ずるものがある。

　阿修羅については、源信はあまり多く語らない。それが怖れにおののき、つねに身を害し、憂苦に悩まされる境界であることを簡単に記すのみで、説明をはぶいているが、それというのも、阿修羅に対してかれ自身が風刺的比喩的なもの以上のものをあまり感じなかったからなのであろう。

　しかし畜生（傍生とも訳され、横に運動するものの意。家畜のみをさすのではない）についてはかなりのスペースをさいて説明を行なっている。ただこれについて多く語る必要はないだろう。かれの言葉によって、この境界もさまざまな苦しみに責めさいなまれるものであること、またここには「愚痴で、恥知らずなうえに、在家信者の真心からの施しをいたずらに受けるだけで、他のもので償いをしなかったものが」生まれることを記して、説明に代えよう。

以上のうち、地獄・餓鬼・畜生の三を「三悪道」とか「三悪趣」などというが、それはこの三つがとくにはげしい悪業によって導かれる境界だからで、これをまた「三塗《さんず》」（三途とも書く）に当てることがある。三塗は火塗《かず》・刀塗・血塗の三つで、地獄は猛火に焼かれ、餓鬼は刀や鞭でおびやかされ、畜生はたがいに傷つけ食いあうから、順次に配当したものである。

人のすがた

迷いの世界（六道）の第五番目に位するのは人間の世界である。そしてここから一切の迷いが起こる。また先の四つが苦しみを果《か》として甘受しなければならない境界とすれば、これはそれを起こす因の境界であり、その因を悪の行為において蓄積する世界である。ここで悪業を重ねることによって、死後は上の四つの世界のどれかをみずから選び取って行くのである。そしてもし善行を積むときは、天上に生まれることになるから、ここでの善悪二つの行為が死後の境界を決定する条件なのである。いわば他の世界の存在はその善悪の果であり、与えられた境界であって、それを与えるものは人の境界なのである。だから人として生まれているこの現実の時点はもっとも大きな意味を担っていることになる。「人として生を受けることはなかなかむつかしいのに、いまこうして受けている（人身受けがたし、いますでに受く）」ということも、一切の起点としての、人であるという事実と価値と尊厳を重視したものである。

人という境界はその意味で、仏教におけるさとりの鍵をにぎっている。天上を人間世界よりもより高いものとして想定しても、それはただ与えられた果の世界で、人間の世界のような積極的能動的な、さとりへのはたらきかけを持たない。ここに、人と受けたこの生の大きな意味があるのである。

しかし、人はみずからを正しく捉えようとしないで、思い惑《まど》い、執《とら》われる。そしてこの執われのためにさまざまな悪業を重ね、罪を犯して行く。みずからも人をもその正しいすがたにおいて捉えないかぎり、この泥沼のような繰り返しから逃れることができない。

それでは、人について、そのすがたをどのように捉えるとき、それは正しい捉え方なのであろうか。これについて源信は三つのすがたを数えている。すなわち不浄と苦と無常である。

まず、人の身体は皮や肉や骨や血など、さまざまなものから出来あがっていて、それ自身清浄ではない。また鼻汁や耳垢、痰《たん》や唾は自然にでてくるし、どんな上等な香高い飲食物も、すべて不浄な糞や尿になってしまう。顔や姿形がどれほど美しく端正でも、身体のなかは不浄を内蔵し、満ちみちている。しかもそうと知りつつ、愚かさのゆえに、身体に対する愛着を捨てることができない。

しかし死はさらに身の不浄をむきだしにする。数日もたてば、身体はふくれ上がり、青黒く変化して、臭くただれ、皮もやぶれて血膿が流れ、蛆《うじ》がはいだす。そのきたなさは眼を覆うばかりである。

ここに人は、この身体が始めから終わりまで一分のすきもなく、不浄に包まれていることを知ることができる。そしてまた正しくこの事実を見据え、凝視しなければならない。そうでなければ、不浄と知りつつ、不浄のすがたに愛着する愚かさを繰り返すほかはない。

谷崎潤一郎に『少将滋幹《しげもと》の母』という小説がある。その一節に、滋幹の父が深夜、月の光を受けて、とある河原で不浄観を修するくだりがあって、ひじょうに印象深いものがあるから、それをここに引いて見よう。

月の光と云ふものは雪が積つたと同じに、いろ〳〵のものを燐のやうな色で一様に塗り潰してしまふので、滋幹も最初の一刹那は、そこの地上に横はつてゐる妙な形をしたものゝ正体が摑めなかつたのであるが、瞳を凝らしてゐるうちに、それが若い女の屍骸の腐りただれたものであることが頷《うなづ》けて来た。若い女のものであることは、部分的に面影を残してゐる四肢の肉づきや肌の色合で分つたが、長い髪の毛は皮膚ぐるみ鬘《かつら》のやうに頭《づ》蓋《がい》から脱落し、顔は押し潰されたとも膨れ上つたとも見える一塊の肉のかたまりになり、腹部からは内臓が流れ出して、一面に蛆《うじ》がうごめいてゐた。昼を欺く光の下でさう云ふものを見た凄じさは、凡《およ》そ想像に難くないが、滋幹は恐さに顔を背けることも、身動きすることも、まして声を発することも出来ず、その光景に縛りつけられたやうになつて立つてゐた。が、父はと見ると、しづかにその屍骸に近寄つて、先づ恭《うやう》しく礼拝してから、傍に置いてある莚《むしろ》の上にすわるのであつた。そして、さつき仏間でしてゐたやうに凝然《ぎようぜん》と端坐して、とき〴〵屍骸の方を見ては又半眼に眼を閉ぢて沈思し出したのであつた。

滋幹は、父が美しい母の印象をことさら忌まわしい屍体に擬して、醜悪なものと思いこもうとするのには、憤りにも似た反抗心をおさえることができなかった、というが、ともかくこう思うことは執われを去る勝れた名薬なのである。

次は苦である。しかしこれについては贅言《ぜいげん》を要しないだろう。内からは病による苦があり、外からもさまざまな苦痛を与えられるし、またそれらによる心の苦悩も絶えない。仏教はこれを簡単にまとめて四苦、八苦というが、いってみれば、この身をえていることそれ自体から苦は起こったのであり、それ自体が苦なのである、と考えるもので、これはだれも否定できないところであろう。喜びや楽しみも実は苦しみのあやまった倒錯に過ぎないのである。

しかしこうした苦しみやわずらいは免れることがあっても、ついに避けることができない

のは無常である。ひとの生命のはかなさは、

世に生を　受けしものみな
死に帰する　ならいなりかし
はかりなき　いのちというも
かならずや　尽くるときあり

盛りある　ものも衰え
会えばまた　別れゆくなり
若ささえ　いつか移ろい
容色も　病みておとろう

このいのち　死にぞ呑まれて
常なるは　ありしことなし

（一切の諸の世間において　生ける者は皆死に帰す　寿命無量なりと雖《いへど》も　要必《かなら》ず終《しゅう》尽《じん》すること有り。夫《そ》れ盛んなるものは必ず衰ふること有り　合ひ会へるものは別れ離るること有り　壮年も久しく停《とゞ》まらず　盛色も病に侵さる。命は死の為に呑まれ　法として常なる者有ること無し）

と詠まれた『涅槃経《ねはんぎょう》』の詩に明らかで、どんなひとも死に呑まれて行くほかはない。生そのものが「緩慢な死」（ニィチェ『ツァラトゥストラはこう語った』）であって見れば、死の回避は不可能である。

このような人間の世界のすがたも不浄と苦と無常に集約される。この凝視は、人間存在の避けることのできない事実に背を向けて、温室のなかで温かく冬眠しようとする思考の懶惰《らんだ》を鞭打つことだろう。事実は正しく凝視し、把握されなければならない。

天

先にも触れたように、天は人間世界での善行の果であって、それを維持持続する過程である。仏教はこれを三つに分けて、食欲・性欲による生存に止《とど》まっている世界（欲界）と、その二つを離れた清浄な物質からなっている世界（色界）と、そうした物質をも超え、物質に対する想念のない世界（無色界）との三つの天を考えているが、この境界もいつかはここを立ち去らなければならない苦しみをもっている。これらのうちの最高の天である、麁《あら》い心の想念がなくなった非想天でさえも、もうけっして阿鼻地獄に堕ちないという保証はない。ここでも人間と同じように八苦を免れないし、またいわゆる天人の五衰がある。謡曲『羽衣』にも、白竜が天人に羽衣を返そうとしなかったことの後をうけて、「力及ばず、せんかたも、涙の露の玉鬘《たまかつら》、挿頭《かざし》の花もしをしをと、天人の五衰も目の前に見えてあさましや」と謡《うた》われているが、天人の死相はまずこのような華の髪飾りが萎《しお》れることにはじまり、「二つには羽衣も塵や垢で汚れ、三つには腋《わき》の下に汗をかき、四つには両眼もしばしばくらみ、五つにはこれまで居た住居《すまい》をも楽しまなくなる」のである。

こうして天の境界も苦しみを超えたものではない。だからこれをとって最上として、願い求めるようなところではないのである。してみれば、このような流転輪廻の迷いの世界を超えたところにこそ、不浄や苦や無常を超えた境界が出現するものにちがいない。それをこそ願い求めなければならないのではないか。

迷いの世界への訣別

人はだれしも苦悩を抱いている。幸福によいしれている、仕合わせ一ぱいのひとも、その幸福に忍び寄る苦悩の翳《かげ》りは感じている。もしそれをも感じないなら、それはあまりに愚かなのか、すでに苦悩を超克して真実を摑み、それに徹し切っているか、いずれかであろう。しかし多くは、愚かながらも、この苦悩をどうしたら去ることができるか、その思いに断続はあるが、心にさす影の暗さにおびえている。ただそれを忘れさせるものは多いから、それに眼を注ぎ、それに取りまぎれ浸り切って、一時、苦悩を忘れるだけである。しかしそうした忘却は束の間のものである。また影がさす。そしてそれを払いのけようとして、それを忘れることに心を向ける。同じことの繰り返しが行なわれて果てしがない。それこそ、ひねもすのたりのたりうねりを見せている春の海の、単調なものうさを感じさせるものでしかあるまい。車輪の囲みのなかを走り続ける二十日鼠の、あのあわれを催させる無益な行動に似ている。そしてこれに気付いたとき、一度は勇気をもって、この苦悩に直面し、立ちむかわなければ、みずからの愚かさをさらに愚かにも深めるだけに終わってしまうことだろう。弱者のあきらめは、黝々《くろぐろ》とした深淵のように底もなく、救いに遠い。だから、ひとはともすれば忘却を追い求めようとする心の弱い愚かさを持ちながらも、いまここに人として生まれて来たことを一度は振り返って省みる必要がある。死はすべてを無に帰して、後にはなにもないのだ、と考える虚無的なひとでも、いまここに「ひととして生まれて来ることはとても困難なことだったのだ（人身を得ること甚だ難し）」と思い知ることはできるにちがいない。どうして犬や猫や虫に生まれないで、こうしてひととして生まれて来たか、この現実に思いを深めて見なければならない。そしていまひととして生を受けたこの厳然とした事実から、この現実をどう生きるか、ということに改めて襟を正さなくてはならないのである。

　そしてその生きる道への想いがまぎれもなく宗教であり、信仰であって、仏教はその生き方を教え、現実に対する愚かな執われを去ることによって苦悩を克服し、真実を把握することができる、と説いてきた。この宝の山が眼の前にある。もちろん、この宝の山にわけいったからといって、手を空しくして帰らないとはかぎらない。愚かな、あまりに愚かなために、せっかく信仰心を抱きながら、それをまっとうすることができないひともあろう。アランの言葉をかりれば、そのようなひとは「つねに三つのものを同時に恐れているのだ。まず第一が他人。次に外部からの必然。それから自分自身。それにしても自己を信用しないで何ごとかを企てるなぞとは狂気の沙汰だ。自分に欲する力のあることを信じないで欲すること、自分自身に大きな誓いを立てることなしに欲すること、それでは欲するとはいえないのだ。はじめから自分を弱い者だ不安定な者だと考えている者は、すでに事実、弱い人間、不安定な人間なのだ」（『信仰についての談話』松浪信三郎訳〔青山出版社、一九四二年。原文は旧仮名遣い〕）といっているが、いったんみずから求める心を起こした以上は、空しく宝の山をおりることのないよう努めなくてはならないのである。

すでに源信が示した六つの迷いの世界について、そこに生まれる原因と結果、不浄や苦しみのすがたを見てきた。それは単に幻想的な世界の叙述ではなく、わたしたちの現実の罪の行為そのものを具象において語ったにすぎない。したがって具象された世界が問題なのではなく、その具象が意味する苦と罪とが焦点なのである。だからこの具象を通して、そこに示された苦と罪を恐れ、それから遠ざかるよう努めなければならないのであるが、しかし同時にそれらの依って来るところが誤ったとらわれにあることも、思い知らなくてはならない。そして実はここからさとりへの道も開けてくるからである。いわば一切のものに対する執着の放棄がさとりに連なるのであって、源信が採り上げた次の詩はそれをよく語っている。それはアシュヴァゴーシャ（Aśvaghoṣa 馬鳴《めみょう》と訳される。一―二世紀ごろのインド詩人）がつくったといわれる「ラーストゥラパーラ（Rāṣṭrapāla 釈尊の弟子で、少欲知足であって、ものに貪著《とんじゃく》することがなかったといわれる）のうた」（『付法蔵因縁伝』に収める）である。

はかなきは　有為《うい》の法《ほう》（直接間接の諸条件によってつくられた存在）
幻か　化《け》（かりにすがたを見せているもの）のごとし
三界の　獄《ひとや》にて
楽《ねが》わしき　ものはなし

帝王の　み位は
崇高《けだか》にて　力あれど
死のすでに　迫るとき
永らえし　ものはなし

ただよえる　雲にニて
須臾《しゅゆ》にして　散り滅《き》ゆる
この身こそ　あだなれや
芭蕉《ばしょう》（空しいもののたとえ）とも　見やらるれ

怨《あだ》ならん　賊ならん
近づきて　な親しみそ

毒蛇の　いりし篋《はこ》（人の身体のたとえ）
たれか愛《め》で　楽しまん
さればこそ　み仏は
この身をば　呵《か》したまいき

この詩は、源信の説明によると、「無常と苦と空と無我とについてのべた」ものであって、「これを聞いたものはみな道をさとった」というが、この四つは四無常ともいわれるもので、これをうたったものに、いわゆる「四無常偈《しむじょうげ》」があるから、これをここに掲げておこう。『仁王般若経《におうはんにゃぎょう》』下巻に載せる、四言を一句とし、四句一節の、八節からなる詩である。

劫火《ごうか》もえ　尽くるとき
乾坤《あめつち》も　燃えあがり
海原《うなばら》も　須弥山《しゅみせん》も
なべてみな　灰と消ゆ
天・竜の　福もつき
このなかに　凋《しぼ》みうせ

天地《あめつち》も　うせはてぬ
なにものか　常ならん

生まれ老い　病み死して
輪のごとく　きわもなし
願うこと　みな違《たが》い
悲しみに　そこなわる

欲深く　禍《わざわ》いて
疣《いぼ》・瘡《かさ》と　たごうなし
三界《さんがい》は　みな苦なり
頼むべき　ものはなし

因縁に　よるなれば
もとよりぞ　あるはなし
さかえしは　衰えて
あるものは　みな虚し

虫のごと　うごめきて
幻の　なかに住む
声空し　響きまた
国土しも　ほかならず

形なき　わが心
四匹なる　蛇《へび》にのり（身体のこと）
煩悩を　象として
車をぞ　引かせゆく

身はつねに　主かは
心には　家のなく
身と心　離れては
国のある　いわれなし

第三章　浄土へのねがい

浄土をねがう

この現実を迷いの世界と知っても、ここに住むかぎり逃れられない。それはみずから行なったかつての行為（業《ごう》）の果《か》として与えられ、呪縛にも似た力をもって、逃れることを許さない。だから、これを逃れる道は、よほどすぐれた仏に匹敵する叡智と慈悲の能力をそなえているのでなければ、見出されない。みずからの能力の拙く愚かであることを知るものには、仏の力を待って、その手に導かれて救われて行くほかはないのである。いわば仏の国、浄土に生まれる道だけが残されているだけである。ひとはそこに生まれてはじめて、この流転輪廻の迷いの境界に生を受けて苦しみ悩むことのない、永遠の安らぎをうることができる。それは死と連続して、死と同時に導かれる仏の国であって、それが阿弥陀仏の国、極楽浄土である。しかしそれはどのような国なのだろうか。

先に述べたように、源信はこの穢れた迷いの世界を克明にあますところなく描写したが、厭《いと》う心が強ければ強いほど、他に願い求める、その願いも強いように、この土を厭うその同じ振幅において、かれはこの浄土を描き出した。そしてそれがいかに願わしいところであるか、その理由を十の視点から整理して説き述べている。だから、極楽についてはこれがまず手掛りになるが、その前に、源信のような教理的な立場から整理されなかったころは、この浄土はどのように考えられていたか、ちょっと触れて置こう。

まず『竹取物語』に眼を注ぐと、そこには赫映姫《かぐやひめ》につまどいした車持皇子《くらもちのみこ》が語る、蓬萊山《ほうらいざん》の模様が見られる。それは「高くうるはし」くて、「更に登るべきやう」もなく、「その山のそばひらを巡れば、世中になき花の木ども立てり。黄金《こがね》・（銀《しろがね》）・瑠璃《るり》色の水、山より流れ出でたり。それには色々の玉の橋渡せり。そのあたりに、照りかゞやく木どもたてり」というもので、わずかに極楽のさまがしのばれるに過ぎない。恐らくは極楽のさまを移して蓬萊山を語ったものと思われるが、『うつほ物語』俊蔭《としかげ》の巻になると、そこでは俊蔭が波斯国《はしこく》に漂着してから、道を西にとって赴いて行ったときにたどりついた、とある山のさまを次のようにのべている。「その山の様は心ことなり、山の地は瑠璃なり、花を見れば匂《にほ》ひことに、紅葉《もみぢ》を見れば色ことに、ほこりかに、浄土の楽の声、風にまじりて近く聞え、花の上には鳳孔雀つれて遊ぶ所」とある。「浄土の楽の声」が風につれて間近に聞えるといい、またここで七日七夜にわたって俊蔭が演奏した琴の響きが「仏の御国まで聞」えて、仏の耳に達したというから、ここはまだ極楽ではないが、すでに極楽とまごう厳かに飾られたさまがうかがえる。しかしここにはまだ極楽を積極的に描き出そうという意欲がうかがえない。浄土信仰はまだ十分な成熟を見せていないかのようである。こうした意味でいま注目したいのは空也の弟子、千観の『阿弥陀和讃』である。時代はすでに源信とほぼ同じで、約三十年ほど千観の方が先んじている。

浄土讃歌

いままでの研究によると、はじめに七五調のものができ、それに五字の頭をつけて短歌としたらしいが、七五句を一つと数えると、全体で六十八句からなるようである。和讃としては『阿弥陀経』によって、これを短かく整理したものであろう。頭の五字のつかない、第二第三句を掲げると、たとえば、

昼夜六時に迎へつつ　宝の蓮雨降りて
孔雀鸚鵡《くじやくあうむ》の声々に　沙《いさご》法門をとなふれば
衆生《しゆじやう》聞く者おのづから　仏法僧《ぶつぽふそう》と念ずなり

仏の光きはもなく　聖《ひじり》の寿《いのち》はかりなし
誓《ちかひ》は四十八大願　心《こころ》一子の大慈悲は
十悪五逆謗法等《はうぼふとう》　極重最下の罪人も
一たび南無と唱ふれば　引接《いんじよう》定めて疑はず

といった調子である。これが後に短歌としてうたわれるような形にあらたまったということである。たとえば、

並み立てる　七重行樹かげ清く　見ゆるは弥陀《みだ》の浄土なりけり
極楽は　八功徳水池澄みて　影見るほどになりにけるかな
池水は　苦空無我の波唱へ　聴く人は皆心すむらむ
極楽は　常楽我浄の風吹きて　塵《ちり》ばかりなる罪も止めず
集りて　天の音楽雲のうつ　鼓《つづみ》の声のめでたかるらむ
極楽は　金《こがね》の沙地《いさご》にしきて　歩むたびにぞ仏をば見る
願ふ人　昼夜六時に迎へつつ　渡すと聞けば我もたのもし

といったもので、前掲の最初の句をいま掲げた最後と比べたら、その相違も理解されよう。しかし源信にも『極楽六時讃』があって、極楽のすがたがたたえられている。いま『栄花物語』「おむがく（音楽）」の巻が引用している部分に着目して、それを掲げると、

黄金の浜より歩めば　鳧雁鴛鴦《ふがんゑんあう》馴《な》れたり
玉の台に赴けば　孔雀鸚鵡《あうむ》随《したが》へり
或は宮殿楼閣に　のぼりて他方界を見む
或は天人聖衆《しやうじゆ》に　交りて伎楽歌詠せむ
香山大樹緊那羅《かうぜんだいじゆきんなら》の　瑠璃の琴になぞらへて

管絃歌舞の曲には　　法性真如《ほつしやうしんによ》を称ふべし

とあるが、それを「孔雀・鸚鵡・鴛鴦・迦陵頻（伽）など見えたり。楽所のものゝ音どもいといみじくおもしろし。これ皆法《のり》の声なり。或ハ天人・聖衆の妓楽哥詠する（か）と聞ゆ。香山大樹緊那羅の瑠璃の琴になずらへて、管絃哥舞の曲には、法性真如の理を調ぶと聞ゆ」と書きこんでいる（傍点が参照部分）。またこの同じ巻には「かの六時のさん（讃）にいひたるやうに、夜の境静かなるに」とはっきり『六時讃』の名をあげているが、これより前の別の箇所で、法成寺《ほうじようじ》金堂のさまを叙して「やう〳〵仏を見奉らせ給へば、中台尊高く厳《いかめ》しくまし〳〵て、大日如来《だいにちによらい》おはします。光の中の化仏《けぶつ》無数億にして、無量荘厳《しやうごん》具足し、宝鐸《はうたく》・宝鈴・諸〳〵《もろもろ》の瓔珞《やうらく》、上下四方種ゞ光明照し、耀《かがや》けり」などと、この後もその荘厳のさまを記し、まったく『六時讃』を参照している。このところは『六時讃』には次のように詠われているもので、傍点の箇所は『栄花物語』にそのまま引用された部分である。

夜の境しづかにて　　閻浮《えんぶ》の昔の日に似たり（中略）
漸く仏所に近づきて　　目を挙げ瞻《み》廻《めぐ》らせば
中台高広宝縵等　　無数の荘厳具足せり
宝帳宝網宝幡蓋　　宝鐸宝鈴宝瓔珞
是等を廻りて億千の　　宮殿楼閣荘厳具

上下四方重々に　光明照し輝けり
中央最上地の上に　大宝蓮華王の座あり
毘楞伽宝台をなし　百宝色相葉に具せり
八万四千葉ありて　無量妙宝異れり
葉々毎に百億の　大宝摩尼を飾れり
一々の珠には悉《ことごと》く　千の光明照せり
知るべし八万四千の　大千界の日輪を
集めたるが如くして　無漏の万徳荘厳す

源信の作というこの『六時讃』がいかに広く愛誦されたか、それがこの一事によってもよく理解される。しかし源信にはこのほかにも『来迎和讃』があって、とくに流麗な筆致を駆使して仏の円満な相好《そうごう》がたたえられている。

仏に迎えられて浄土に生まれる喜び

しかしこれらはおおよそ極楽のすがたを讃歎するに急で、散漫に走った嫌いがあるが、源信はさらにこれに教理的な整理を加えて、極楽に迎えられるときからはじまるさまざまな喜びを十数えあげた。それはまたなぜ極楽に生まれることが願わしいか、その理由を整理したものでもある。叙述はまことに精緻をきわめ、まのあたり浄土を見る思いを抱かせるほど、表現も美しい。『栄花物語』が「たまのうてな」のなかで、法成寺の阿弥陀堂の結構を叙するに当たって、源信のこの十の整理を参照したのも、あるいはもっともなことと思われる。それだけ説得力があったのである。

さて第一に数えられたものは、念仏の功徳を積み重ね、多年にわたって念仏に心を寄せてきたひとの臨終には、阿弥陀仏が多くの菩薩たちと一緒に迎えにきてくださる、という喜びである。このことは普通、御来迎《ごらいこう》と呼ばれるが、これこそは浄土に生まれる、まさに決定的瞬間であるから、これが最初に採り上げられたのは当然といえよう。したがって後にこの光景を描いた、いわゆる「来迎図」が数多くあらわれるようにもなったもので、源信自身もこれをかいたといい、京都の禅林寺や金戒光明寺に蔵する「山越阿弥陀図《やまごしあみだず》」、高野山にある「阿弥陀聖衆来迎図《あみだしょうじゅらいごうず》」などはそれである、と伝えられている。ともかく、このとき仏は「ひじょうに明るい光を放ちながら、ありありと眼の前にお立ちにな」るが、また観音は慈愛の手をさしのべて宝玉づくりの蓮の台《うてな》を念仏のひとにさし出し、勢至《せいし》は大勢の外のおつきの菩薩たちとともに声をそろえて念仏のひとをほめたたえ、手をかして連れて行ってくれる。このとき「念仏にはげんできたひとは、まのあたり、みずからこれを見て、心は喜びにつつまれ、身も心も安らぎをえて、心静かな冥想の境にはいったようにな」り、同時に西方の極楽世界に生まれるのである。ここを去ること、十万億の仏の国といわれる、想像を絶した遥遠《ようえん》のかなたに瞬時にして生まれることになる。後の今様《いまよう》に、「極楽浄土は一所《ひとところ》、勉《つと》め無ければ程遠し、我等が心の愚かにて、近きを遠しと思ふなり」といい、「極楽は遥《はる》けき程と聞きしかど、勉めて到る処なりけり」とうたわれたように、また『枕草子』に「遠くて近きもの極楽。舟の道。人の中」と考えられたように、空間的にも時間的にも尺度を超えた世界が、死の瞬間のいまにおいて可能になるのである。マクロとミクロが同時にこの眼のなかに捉えられる、とでもいおうか。まさにこれこそは永遠のいまといってよかろう。

浄土での喜び

とにかくこうして浄土に迎えられると、その後、念仏のひとを乗せた台の蓮が次に花開くときがくる。これが第二の喜びで、眼の見えなかったひとがはじめて見ることができるようになった、そんなときの喜びに通じている。遠く近く浄土のさまざまな様子が目に映じ、阿弥陀仏や観音・勢至のすがたさえ、遠く望まれる。浄土に生まれたこのひとは、蓮の台をおり、観音・勢至に導かれて仏の前に進み、身を投げだして仏を拝し、「歓喜の涙にむせんで、渇仰の思いは骨身にしみとおり」「はじめて仏の境界をえ、かつてない喜び」に包まれるのである。

しかもここに生まれると、「身にはすぐれた特徴（相）と不思議な力」がえられる。これが第三の喜びである。身体は金色に輝き、触れるものすべてが清浄であり、仏と同じように三十二相さえ備わって身を飾っているから、その端正さはこの世のものと比較にならない。さらに不思議な、いわゆる神通力が備わるから、それによって心のままに自由自在にはたらくこともできる。歩いて行かなくても、十方世界のすべてのさまが見えるし、聞こうとすれば、何でも聞ける。遠い過去のことが、自分ばかりか、ひとのことまで、鏡に映った像のように、手にとるようにわかるし、どんな遠いところでも、一瞬にして往来することも可能になる。しかもこうしたすぐれた身体的な特徴や超人的な能力が、ただかつて行なった念仏によって、浄土に生まれることができたという、そのことによってえられた果報であってみれば、その喜びは絶大なものといえよう。

しかしそればかりではない。ここでは見ること聞くこと、すべて五官にうったえるものはみな、美を極め妙を尽くしている。これが第四の喜びである。仏が立てた誓いの完成によって飾られた浄土であるから、当然なことではあるが、それにしてもあまりに美しく、しかも清浄である。源信はこれを、浄土の宮殿楼閣や池や樹々など、さまざまなものをとおして叙述しているから、いまその一端を掲げて示すことにしよう。

またかの浄土に生まれたひとは、衣服がほしいと思うと、思いどおりにすぐえられる。しかも仏が讃えておられるように、この教えにかなった美しい衣服は、そのまま身体にぴったりあい、裁縫したり、染めたり、つくろったり、洗濯したりする必要もない。またここでは光が遍《あまね》くゆきわたり、日や月や灯火がいらないし、冷たさと暖かさとがほどよく調和して、春夏秋冬の差もない。自然に訪れるそよ風は、温かさと冷たさがちょうど適度で、ひとの身に触れると、いずれも心地よい喜びを抱き、ちょうど僧が心のすべてのはたらきの尽きてしまった無心の境地をえたようになる。毎日、朝には風に吹かれて散る美しい華が浄土に満ちみち、高い香りがたちこめ、その微妙で軟らかなことは兜《と》羅綿《らめん》（娑羅《さら》の樹の、柳絮《りゅうじょ》のような白い綿をいう）のようである。足でその上を踏むと、十二センチ（四寸）ばかり沈むが、足をあげてしまうと、またもとのようになる。朝が過ぎると、その華は地に没し、もとの華が没しきってしまうと、また新しい華が雨とふる。

しかしこれらの五官の対象は身心を喜ばせると同時に、けっして貪《むさぼ》りの心をおこさせることがなく、多くのすぐれた功徳を増すばかりか、すべてが仏の教えを説き示していることを知るのである。だからこのようなすがたを心静かに観想するひとが、尽きることのない、きわめて重い罪業さえたち切って、浄土に生まれることになるのも当然であろう。

ところで、この喜びと密接な関係をもつのが第五の、喜びの尽きないという喜びである。いわばこの浄土での喜びは、天上の楽しみもいつかは死の衰弱によって失われてしまうのに、ついに絶えることがない、ということである。『栄花物語』が引用した言葉をかりていえば、「処《ところ》は是不退《これふたい》なれば、永く三途八難の恐《おそれ》を免れたり。命は又無量なれば、遂に生老病《しやうらう》死の苦しみなし。心と事とあひかなへば、愛別離《あいべつり》の苦もなし。慈眼等《じげん》しく見れば、怨憎会《おんぞうゑ》の苦もなし。白業《びやくごふ》の報なれば、求不得《ぐふとく》の苦もなし。金剛《こんがう》の身なれば、五盛陰《ごじやうおん》の苦なし。一度七宝荘厳《ぽうしやうごん》の台《うてな》に着きぬれば、永く三界《さんがい》の苦輪の海を別れぬ」といった、迷いの世界とは隔絶した喜びに溢れているのである。

第六は、縁のあるものを救いとることができる喜びである。ひとはこの世に生を受けたときは、『心地観経《しんじかんぎょう》』の詩に「六道輪廻《ろくどうりんね》の生をうけ　轍《わだち》のごとくはてもなし　父母《ちちはは》となり子となりて　世世生生《せせしやうしやう》に恵みあり」と詠われているように、どこかでいつかは親子の縁を結んでいたのに、いったん別れると、それもわからなくなり、野の鳥や獣をみて、むかしの親とわかるひとはいないが、極楽に生まれると、「智慧は明晰になり、超人的な力（神通）があきらかにえられるから、世世に、生まれるたびに恵みを与えてくれたひとや知りあったひとを、思いのままに極楽に連れてくる」ことができる。第三で述べられたように不思議な力が備わるから、それが可能になるわけである。

さて第七以下は、ここに生まれた以上、当然得られると考えられる喜びで、浄土では文殊、普賢《ふげん》、観音、勢至といった菩薩や地蔵菩薩を始め、十方の仏の国に住む菩薩たちもここに往来して親しく仏に供養するから、お会いすることができ、たがいに言葉を交え、問いたずね、敬い、親しみ近づいて、教えを受けることができる。したがって（第八）阿弥陀仏にもまみえて深い真実の教えをうかがって、（第九）心のままに供養することもでき、また他の十方の世界の仏を供養することもできる。そして最後（第十）には、仏の道にいそしみ励む喜びに包まれ、この修行によって、一切のものに対する慈悲の心がおのずから養われ、対立のない真実の安らぎをえて、ついにはかならず、つぎには仏と生まれることが約束された位（一生補処《いっしょうふしょ》）に達することも可能になる。この喜びは何ものにもかえられない喜びである。

さて源信は以上のように十に整理して、極楽がいかに願わしいところであるかを明らかにしようとしたが、極楽での喜びの極まるところは、なんといっても最後の、仏となることが約束される、というところにある、と考えられる。仏になれるという保証がここで得られるから、極楽が願わしいところとなるのである。

しかしそのためには、ここでも当然「最後まで心くじけて退くことなく、仏の道を推し進める」修行が必要であるが、その修行はどうしてまっとうできるかというと、これについて源信は五つの理由を数えている。それはまた先の十の喜びを別の角度から整理しなおしたものとも考えられ、注目されるものである。

第一には、仏の慈悲による誓いの力がつねに摂《おさ》め取ってくださるからであり、第二には、仏のみ光がつねに照りかがやいて、ひとびとのさとりをえたいと願う心（菩提心）を高めてくださるからである。また第三には、水鳥や樹々や風鈴などの声がいつも仏を念じ、教えを念じ、僧を念ずる心をおこさせるからであるし、第四には、もっぱらさまざまな菩薩たちが善い教えの友となり、外には悪い因縁がなく、内にははげしい煩悩が起こらないようおさえつけるからであり、第五には、寿命は永遠で、仏とおなじだから、仏の道を修め習うにも、生き死にのあいだの間隙などないからである。

しかし仏のさとりがえられるという保証は、やはりまず浄土に生まれることを第一条件としている。それはここで、仏の慈悲と智慧によって、浄土に「摂《おさ》め取」られる、と述べていることに示されている。それは結局、それではどうしたら、浄土に生まれることができるか、という問題にすべてが収まることを語っているのである。したがってこれが源信の主題になるのは当然であるが、それに先立って、源信は、極楽浄土がなぜとくに願わしいか、それを古くから極楽浄土と密接な関係において信仰されてきた弥勒《みろく》菩薩の兜率浄土と対比して、その優劣を判定し、どんな浄土よりも極楽浄土がすぐれていることを論証している（これを扱っているのが第三章「極楽を勧める証拠」である）。しかしこれについては触れる必要はないだろう。いまは浄土に生まれるための方法について、源信が説くところに耳を傾けて見よう。

ついでに弥勒とその浄土について触れて置くと、弥勒はまた慈氏《じし》とも訳されているが、歴史上の、インドの大乗仏教における代表的人物の一人である無着《むぢゃく》に教えをたれた弥勒と区別される菩薩で、いま兜率天（この地上から数えて第四番目の天）にいて教えを説いている、とされる。この後五十六億七千万年して仏となる、と釈尊から予言を受け、釈尊の後をうけて次に仏となることになっているから、これを、釈尊についで仏としての処を補うという意味で、「補処《ふしょ》の弥勒」という。この菩薩の信仰は古く、インド、中国、日本とさかんに信仰された。『日本霊異記』に「弥勒菩薩の銅像、盗人に捕られて、霊表を示し、盗人を顕わす縁」など幾つかの霊異が語られているのを見ても、早くからこの菩薩の像が寺々に安置されて信仰の対象となっていたことがよくわかる。

念仏を勧める証拠

さて、阿弥陀仏の浄土がもっともすぐれていて、そこに生まれることが一番楽わしいと理解されたが、それではその方法としてなにがあるかというと、修行の方法としてはすぐれた功徳のあるものは多いが、やはりなかでも念仏がもっともすぐれていて、これに勝るものはない、とするのが源信の主張である。その理由は、この念仏には「男女・貴賤の別なく、行住坐臥に関係なく、時や場所やその他の条件も問題にならないばかりか、行なうに当たってもむつかしくないし、最後の臨終になって浄土に生まれたいと願い求めても、その便宜がえられる（只是れ男女貴賤、行住坐臥を簡《えら》ばず、時処諸縁を論ぜず、之れを修するに難からず、乃至臨終に往生を願《ねが》ひ求むるも、其の便宜を得）」（第八章「念仏を勧める証拠」）というところにある。

ところで、この発言はなんでもないことのように思われるが、実は注目されるものを含んでいる。その一つは、だれもが容易に、時や場所などと関係なく行なえる念仏というのであるから、この念仏は口で称える念仏を目当てにしているということ、第二には、臨終に及んではじめて浄土に生まれたいという思いを起こして行なう念仏も、やはりどちらかといえば口に称える念仏の方に比重がかかっているということである。このことは、源信の考えている念仏がここでは極めて行ないやすい、いわゆる口称《くしょう》の念仏であった、と見ることを許しているようである。この点は後に改めて考察することになろうが、あらかじめ注目したい。また別の意味で、この発言の一部が、中国浄土教の大成者である善導の『観経散善義』の「一心に弥陀の名号《みやうがう》を専念して行住坐臥、時節の久近を問はず、念々に捨てざる者は、是を正定《しやうぢやう》の業《ごふ》と名づく」といっている句に負うているようにも見えることも、注目される。

しかしこのような発言に留まるかぎりは、とくに念仏を勧める証拠とはならないし、説得力はない。どこまでも源信一個人の恣意と見なされる恐れがある。そこで当然これを経典に求めて立証する必要が生じてくるから、かれは多くの経典のなかから十の文章を選び出している。ただ今日の視点からすれば、この十の文章全部が重要とも思えないが、このなかに、後に「浄土三部経」の名で呼ばれるようになった、『無量寿経』と『観無量寿経』（略して観経）・『阿弥陀経』の三つが取られていることは注意してよいだろう。そしてこの三つの経典によって示しているものがまたとくに留意されるものでもある。

さて十の文章のうち、まず最初に示さなければならないものは、『無量寿経』に記されている阿弥陀仏の四十八願のうちから、念仏について誓った第十八願の文を取りあげて、「ないし、十遍でもわたしを念じたとき、それによって浄土に生まれることができないなら、わたしは仏のさとりをとらない（乃至《ないし》十念して、若《も》し生ぜざれば、正覚《しやうがく》を取らず）」と記していることである。これは誓いの言葉としては一部分に過ぎないけれども、後世この願いがとくに注目されたことを考えると、看過しがたいものを含んでいる。またこれには、源信の考え方として、罪深い愚かなものが救われるための、念仏としての限界を十遍の念仏（十念）に置いた根拠をここに求めているように推察されるものがある。この念仏の遍数については後に改めて触れたい。

　次に注目されるのは、『観経』の第十六観の「下品下生《げぼんげしょう》」で説かれる趣意を整理したと見られる言葉で、「ほんとうに罪の重い悪人は、ほかには救いようがない。ただ仏のみ名を称え念ずるとき、極楽に生まれることができる（極重の悪人は他の方便無し。唯《ただ》仏を称念して極楽に生ずることを得）」と示されているものである。これが、経文を源信独自の表現に改めたものとして注目されることは、先に触れたが、こうした「極重の悪人」に視点を据えて、念仏をこのようなひとを目当てとしたものと考えたことは、重視されてよい。そこにはすでに十遍の念仏という制約が加わっているから、おのずから限界はあるにしても、この命題を単に第十六観という観想の対象（つまり観想の内容）として捉えたのではなく、それを現実のすがたとして、どんな悪人も念仏で救われることを示したものと理解したのであって、ここにこの言葉の大きな意味が受け取れるのである。だから、これに注目し、これを掲げた以上は、この後を受けて、同じ『観経』からとられた、「念仏のひとを救い取ってお捨てにならない（念仏の衆生《しゆじやう》を摂取《せつしゆ》して捨てず）」のは仏のみ光である、と讃える証拠の一文は、もはや生彩がない。ただもう一つ『観経』からとられた、念仏を観想として捉え、そのような観想の念仏が必要である、と説くものは、念仏によって救われる、という意味の広さを語る上で注目される。

　このような後を受けて、かれは臨終における「来迎」の証拠として『阿弥陀経』と『鼓音《くおん》声陀羅尼経《じょうだらにきょう》』とを採りあげている。いま『阿弥陀経』によって示すと、それは「僅かな功徳のたねや功徳の因縁があっても、かの国に生まれることはできない（少善根福徳の因縁を以て彼の国に生ずることを得べからず）。舎利弗《しゃりほつ》［釈尊の十大弟子の一人。智慧第一と讃えられた］。もし、在家信者の若い男女が、阿弥陀仏について説かれるのを聞いて、そのみ名を忘れず堅くたもって、一日ないし七日、一つ心で乱れることがなければ、そのひとの臨終には、阿弥陀仏が多くのおつきの菩薩たちと一緒にそのひとの前に現われ、そのひとは死ぬ時も心に驚き惑うことなく、ただちに浄土に生まれることができよう（一心にして乱れざれば、其の人の命終《みやうじゆう》の時に臨みて、阿弥陀仏は諸《もろもろ》の聖衆と与《とも》に現じて其の前に在《いま》さん。是の人終る時、心顚倒《てんだう》せずして即ち往生することを得）」という一文である。ここには、平生の念仏によって臨終には心安らかに仏・菩薩の来迎をえて浄土に生まれることが示され、平生の念仏の重要性も合わせ強調されたものと見られる。

以上は、十の証拠から主なものを抜き出しただけであるが、ほぼ源信の意はこれで尽くされている。十という数はただ形を整えたものであって、その意味では二十でも三十でもよかったものと思われる。そして実際、この十の証拠はただ十に終わるのではなく、実は「心の脆弱なために、信仰の成就しにくいことを怖れて、自分から止《や》めてしまおうとするひと」のために、「経には多く念仏をもって浄土に生まれるための要《かなめ》としている（契経には多く念仏を以て往生の要とす）」のであるから、こうした根拠に立った十である、と源信は論じている。

念仏における五つの角度

以上によって、なぜ念仏が浄土に生まれる必要条件であるかがわかった。それではそのような念仏は、どのようなものであり、どのように行なわなければならないのだろうか。これが改めて問われなければならないことになろう。そしてこれこそ『往生要集』の主題でもあるわけである。

さて源信はこの念仏について考えるに当たって、インド大乗仏教の思想家としてすぐれた位置を占めている世親《せしん》（天親ともいう。西紀五世紀のひと）の『浄土論』を指針とした。したがって、『浄土論』がとる、念仏に関連した行為を五つの部門からみる立場（五念門という）が踏襲され、この角度からこれを考えた。すなわち「第一に礼拝《らいはい》、第二に讃歎《さんだん》、第三に作願《さがん》、第四に観察《かんざつ》、第五に廻向《えこう》」といわれる五つである。世親の、この念仏に関連した五つの行為は、中国では『浄土論』を注釈した曇鸞《どんらん》（六世紀）によって当然注目され、以後新しい角度から念仏を考える場合も（例えば中国浄土教の大成者、善導）、これとの関係に留意し、これと調節するよう努められたもので、日本では曇鸞の注釈書『往生論註』とともに、とくに南都系の学者がこれに関心をはらってきたようである。だから源信がこれに注意をくばるようになったのは、南都系の学問に影響を受けた結果であろうと推察されるが、ただここで注意したいのは、源信は曇鸞の注釈書を見ていないことである。かれは、曇鸞の注釈書を参照して書いた三論宗の智光の注釈書『無量寿経論釈』を参考にしている。

ともかく源信はこの五つの部門から、念仏について細かな考察を試みているが、それは、いわば念仏はこの五つの統合の上に成立するわけであり、念仏はこの五つの角度をもっているからである。

礼拝

まず礼拝であるが、もちろん単に身体的動作に終わるものではない。身体と口と心の三つが相互に結びあった身体の動作である、と源信は考える。だから、この三つに立ってそれを考えているが、しかしかれの主眼は心に向けられているようである。それは、かれが掲げている経典の言葉や、かれ自身がつくった礼拝の作法（礼法）を見ても頷けるもので、そこにはどのように「思（念）」ったらよいかが説かれている。たとえば『観仏三昧海経《かんぶつざんまいかいぎょう》』の言葉を引用して、

わたしがいまひとりの仏を礼拝しているということは、そのまま一切の仏を礼拝していることである。だからもしひとりの仏を心に想うと、ただちに一切の仏を見る。ひとりひとりの仏の前にひとりのひとがそれぞれいて、み足に頭をつけて礼拝しているのは、みなこのわたしなのである。

といっているのを見ると、これは仏のみ足に頭をふれた最上の礼拝の仕方を言っているのではなくて、ひとりの仏に対するわたしの礼拝が一切の仏の礼拝と一つである、とそう心に想

うことを示しているのである。また『心地観経』に説く、仏の「六種の功徳」を掲げているのも、それは、そのような功徳が仏に備わっていることを心に想い起こして、礼拝に際する心得とするように教えたものであることが明らかである。したがってこの「六種の功徳」をもとに、これを補足して作った礼拝の作法もまったく同じ趣意を出ていない。また「ただ礼拝だけで」ほかに修行しなくても浄土に生まれる、として、その引証を示しているものがあるが、そこでも「まごころから礼拝すれば」という心の問題が条件として付加されているのである。

讃歎

讃歎ももちろん口だけで行なわれる言語表現の動作ではなく、身体と心とのはたらきと結び合ったものでなければならない。念仏がただ口先だけで称えられているかぎり、空念仏《からねんぶつ》といわれるのと同様である。だから、ここでも心の問題は等閑に付されないが、源信はとくに仏の称讃に焦点を当てて竜樹の『十住《じゅうじゅう》毘婆《びば》沙論《しゃろん》』を引用し、そこに掲げられている讃歌を抄録している。さきの礼拝の項ではかれ自身が作った「礼拝の作法」に、たとえば、

ひとたびも　南無としいえば
み仏の　みちはなるかも
さればわれ　まことささげて

功徳《みめぐみ》の　　田をぞおがまん　皆已《すで》に仏道を成ず　故に我帰命《きみやう》して　無上の功徳田《くどくでん》を礼したてまつる

（一たび南無仏と称せば

といった讃歎の言葉を示しているし、竜樹の『十二礼』のことも指摘しているから、これはいささか重複の嫌いがあるけれども、源信としてはこれをなおざりにできなかったものがあるらしい。というのは、『十住毘婆沙論』の詩は三十二節からなる長いもので、そのうち十節を選んで掲げたのであるが、それで讃歎を終わったとしないで、さらに世親の『往生論』の巻頭の詩や、真言密教（源信当時、真言秘密の教えは天台宗と真言宗で代表され、前者を台密《たいみつ》、後者を東密《とうみつ》といった）で読まれている「仏讃」とか阿弥陀仏の「別讃」といったものまでも指示して、「一遍でも数遍でも、一行でも数行でも」読むように、と勧めているのであって、このことは、この讃歎の意味がいかに大きなものと考えられていたかをよく語って、余りあるからである。

しかしまたそれとは別に、ここで注目されるのは、真言密教の「仏讃」・「別讃」を指摘していることとである。

ただこれらがなにを指すか、いま明らかではない。考え及ぶかぎりでは、『魚山私鈔《ぎょざんししょう》』（仏教音楽は遠く中国の魚山におこり、早くから日本にも伝えられたが、これが日本で完成を見たのは、源信より一世紀後に融通念仏宗を開いた良忍においてであって、それよりかれのいた大原山を魚山というのである）に、「仏讃」、「阿弥陀讃」といったものを載せているから、あるいはこういったものがそれに当たるかも知れないけれども、源信からは遥かに下った後のものであるから、にわかにそうとはきめがたい。源信の伝記を見ると、かれは大呪や小呪を誦した、と伝えている。それが何であったか、明瞭ではないが、大呪は「阿弥陀の大《だい》呪《ず》、いと尊くほの〴〵聞ゆ」（『源氏物語』「鈴虫」の巻）とか、「経は、法華経は更也。千手経、普賢十願、随求《ずゐぐ》経、尊勝陀羅尼《だらに》、阿弥陀の大呪、千手陀羅尼」（『枕草子』）とかいわれているものであろうか、と推察される。これはまったく真言秘密の陀羅尼であるから、よまれるものを聞いても、なにを言っているか、皆目わからないものであるが、意味は「三つの宝（三宝）に帰依したてまつる。神聖な無量光如来、応供《おうぐ》、正等覚者《しょうとうかくしゃ》に帰依したてまつる」といった言葉ではじまり、阿弥陀仏をさまざまな名前で呼びかけて称讃するものであって、『無量寿如来根本陀羅尼』がその正確な呼称である。

　さて源信がここで真言密教の「仏讃」や「別讃」をとりあげて、「真言による仏の讃歎は、その利益がきわめて深遠であるから、あらわし尽くすことはできない」といっていることは、何を語るだろうか。ここには真言陀羅尼と口に称える念仏との差異が問題になるはずであるし、またなぜ真言密教による讃歎が必要なのかも、説かれる必要がある。しかしかれはこれについては口を緘《かん》してまったく語ろうとしていない。後者については、先に天台密教との妥協がかれには認められる、と説いたことがこれに当てはまるのではないかと思う。

作願

第三は「作願《さがん》」であるが、「願」とはさとりを願うことであり、願いのないところにさとりはないから、これは「浄土のさとりのかなめ（浄土菩提の綱要）」であって、別の言葉をもってすれば、いわゆる「菩提心《ぼだいしん》」である。そしてこれは、道綽《どうしゃく》（中国浄土教の代表的人物で、善導の師。汶水《ぶんすい》石壁の玄中寺で、曇鸞の碑を見て以来、浄土の信仰にはいった、という。五六二―六四五年）の『安楽集』が引用した曇鸞の『往生論註』に端的に表現されているので、源信もこれに着目している（ただし源信はこれが曇鸞のものとは知らないで、『安楽集』を引用したものである）。

『往生論註』（浄土論）に「菩提心をおこす（発菩提心）というのは、とりもなおさず仏になりたいと願う心（願作仏心）である。仏になりたいと願う心というのは、とりもなおさず世のひとびとを救おうとする心（度衆生心）であり、世のひとびとを救おうとする心は、とりもなおさず世のひとびとを救いとって仏のおいでになる浄土に生まれさせようとする心である」といっている。いますでに浄土に生まれようと願っているのだから、まずはじめに菩提心をおこすことが必要である。

したがって願としての菩提心は、このような広い内容を含んだ概念として源信においても考えられていることを、考慮にいれて置く必要がある。そしてその上で、源信の整理に従って、まず菩提心の在り方について考えて行かなくてはならない。

ところで、源信の考えによると、総括的には、菩提心とは仏になろうと願う心であり、仰いではさとりを求め、俯《ふ》しては世のひとを救おうとする心である（いわゆる「上求菩提《じょうぐぼだい》、下化衆生《げけしゅじょう》」）が、しかし個別的具体的に捉えるとき、これはいわゆる「四弘誓願《しぐぜいがん》」であって、これには二つの側面から考えることが必要である、とする。すなわち、具体的な事物を媒介として立てられる（縁事）誓いと、真実の道理を媒介とした（縁理）誓いとの二つであって、言葉を換えていえば、前者は世のすべてのひとを縁とした慈しみであり、いわば対象となる一切を縁としているが、後者はそのような縁とするものがない慈悲（無縁の慈悲）である。仏教ではよく「事」と「理」との対照のうえで考察するから、源信もこの二つの側面から「四弘誓願」を明らかにすることによって菩提心の在り方が正しく把握されると、考えるのである。したがって、いまここではこれに従って考察を進めて行くことにしよう。

具体的事物に立った誓い

「四弘誓願」については一般にもよく知られているから誓言《ぜいげん》は要しないと思われるが、ともかく簡単に触れると、普通これを仏の「総願《そうがん》」といって、仏はすべてどんな仏もこの誓いをおこしてさとりを開いたとするから、仏のさとりをえたいと求めるものはかならずこれをおこさなくてはならないとされる。したがって阿弥陀仏が立てた四十八願はこれに対して言えば「別願」であって、おのずから総願が備えた性格を含んでいるのは当然ということになる。内容的には四つの誓いからなり、一般には「衆生無辺誓願度《しゅじょうむへんせいがんど》、煩悩無数誓願断《ぼんのうむしゅせいがんだん》、法門無《ほうもんむ》尽誓願学《じんせいがんがく》、仏道無上誓願成《ぶつどうむじょうせいがんじょう》」といわれている（源信の掲げるものは、表現に一、二違ったところがあるが、言おうとしていることに変りはない。第二句の無数が無辺、第三句の学が知、第四句が無上菩提誓願証となっている）ので、浄土に生まれたいという願いもその底にこの四つをふまえるわけである。

　さて、この四弘誓願を、具体的事物を媒介とした誓いという視点から見ると、第一に「世に生を受けた数かぎりないひとたちをすべて救おうと誓う（衆生無辺誓願度）」ときは、すべて生あるものは一切、仏としての本性（仏性）を備えているのだから、これらすべてに完全な真実のさとり（無余涅槃）をえさせよう、という思いを当然抱いているもので、そこに世のひとすべてに恵みを与えよう、と願う心もあらわれているが、これは源信によって次のような意味に解釈される。すなわちこの心は「心の戒めとしては、世のひとを導いて利益を与えようとすること（饒益有情戒《にょうやくうじょうかい》）であり、また仏の徳としては、世のひとを救おうとする願いの力による恵み（恩徳）の心であり、仏としての本性という点では、智慧をおこす縁となる善の行ない（縁因仏性）であり、仏の身としては、応身《おうじん》のさとりをうる原因」である、というのである。しかし、この解釈には少しく説明が必要かも知れない。

　まず「戒め」とは、一般には仏の定めた戒律、または仏のいかんにかかわらず、人間の社会生活において（またかりに社会から孤立していても）要請される根本的倫理的な理法であると考えられるが、ここではこれを両者の意味にとって理解したもので、これを三つの角度から眺めて、普通「三聚浄戒《さんじゅじょうかい》」と呼んでいる。いわゆる大乗の菩薩のための戒めで、その三つは、在家・出家、男女の別によって、仏の定めた違った内容の戒めをまもる「摂律儀戒《しょうりつぎかい》」といわれるものと、進んで広く社会一般の善を行なう「摂善法戒《しょうぜんぼうかい》」と、さらに積極的に世のひとに利益を与えようとする「饒益有情戒」とである。内容的には始めが廃悪に当たり、次は修善で、最後はこれら一切を包摂して、積極的な社会へのはたらきかけにまで拡大して、それを「戒め」と呼んだものである。だからそこには単に戒めとして受け取れるものの範疇を越えた、新しい概念内容が生みだされている。いまはそうした戒めとしては、誓いの第一は「世のひとに利益を与える」ものだ、というのである。

次に「仏の徳」も三つの面から捉えられ、「三徳」と呼ばれているが、これは仏にそなわる徳であって、その広大な、何ものにもさえぎられない智慧をさして「智徳」といい、一切の煩悩を断って惑わされないことを「断徳」、すべてのひとを救い、願いのままに恵みを与えることを「恩徳」といったのである。ここでは第三の、恵みを与えることを取って当てたもので、意とするところは戒めの場合と同じである。

また「仏としての本性」も三つ数えられ、これは「三因仏性」と呼ばれている。これにはさまざまな解釈がなされてきたが、源信が属する天台宗の教理としては、理法としてすべてのひとに先天的にそなわっている、仏となる可能性を「正因仏性《しょういんぶっしょう》」と呼び、他は後天的なもので修行によってえられるものとし、さきの理法を明らかにする智慧を「了因仏性」、その智慧をおこす縁となる一切の善の行為を「縁因仏性」と名づけている。ここでは世のすべてのひとは、そうした善の対象になるから、この善の行ないを広く世にはたらきかけるものとして「縁因仏性」と見たのである。

最後に「仏」の身体についても三つを数え、これを「三身《さんじん》」という。法身《ほっしん》・報身《ほうじん》・応身《おうじん》の三で、法身は、仏が真実普遍の理法をさとったものであるところから、その理法をもって仏の身体とみたものであり、応身はこの現実の世界に生身の姿をとって現われた、釈尊のような仏を指し、これらに対して、菩薩の位にあったときに誓いを立ててその修行を行ない、その結果、誓いのとおりに、その報いとして仏となった、阿弥陀仏のような仏を報身として捉えたのである。いまはこの現実のひとたちを救おうと誓うのであるから、仏として応身のさとりをうる原因ということになる。

以上によって、ほぼ第一の誓いについて言われたことが理解できたと思われる。したがって第二以下についても、いままでの説明を想起しながら対応させていけばよいていのものであるが、誓いは四つで、他のこれに対応されたものは三つずつであるから、いま少し一、二の説明が必要であろう。ただいささか煩雑だから、まずはじめに、源信の言葉をかりていうと、第二の「煩悩ははてしなく多いが、このすべてを断ち切ろうと誓う（煩悩無辺誓願断）」ものについては、これは「心の戒めとしては、仏のさだめた戒めを守って悪を犯さないこと（摂律儀戒）であり、また仏の徳としては、すべての煩悩を断ちつくす（断徳）心であり、また仏としての本性という点では、先天的にすべてにそなわっている理法そのもの（正因仏性）であり、仏の身としては法身のさとりをうる原因である」と説明される。しかしここでは第一の誓いほど、すっきりした対応関係が知られないようである。戒めや徳は悪をやめ、煩悩を断とうとする面を打ち出しているものだから、誓いと相応するけれども、仏の本性や身体は性格が異なっているからである。源信はこれについてなにも言わないが、この考え方は中国以来の諸学者の説をそのまま踏襲したものだから、説明の必要を認めなかったのであろう。中国の南山律宗の開祖道宣《どうせん》（五九六―六六七年）の『釈門帰敬儀《しゃくもんききょうぎ》』によれば、「仏の定められた戒め（律儀戒）はさまざまな悪を断ち切る、ということで、そのまま法身の因である」といい、その理由について、「法身は本来清浄であるから、善をおさえ妨げる悪はあらわれないが、悪を離れようと努めてその成果がえられるとき、法身の徳が現われてくるから」である、と説明している。こうした考えを受けたものであろう。しかしかれはここで、かならずしも先徳の説に盲従ばかりしていたのではない。その例は、第三の「仏の教えをすべて知り尽くそうという誓い」に先の残りの戒めや徳を当てて、第四の「最上のさとりをえようという誓い」は、前の三つの誓いと修行を身にそなえることによって、三身に備わる完全なさとりをえて、そこから立ち還って広く世のひとを救おうとするものだ、としているところに知られる。これは、例えば中国天台宗の明曠《みょうこう》が、第三と第四の誓いを一つにして先の残りの戒めや報身に当てたのと、大きく異なっているからである。

すでに中国の先徳の説をあげて、一部の説明にかえた。これ以上言葉を費やす必要はないだろうし、費やせばかえって繁雑に流れて理解を妨げないともかぎらない。要するにここで源信がいおうとしていることは、現実の世界にあって、一切のものに慈しみを抱き、これをまっとうするよう努めることが、念仏者の願いでなければならない、ということに収まるだろう。

真実をふまえた誓い

しかし考えてみると、世のひとを救う道は、苦悩や煩悩が一時取り除かれたからといって達せられるものではない。またそれが起こってくることは必然であるし、それは広く世のひとびとに一般であるから、眼先のことに留まるかぎり、これには限りがある。だからこの誓いも大切には相違ないが、もっと根本的な、これらの苦悩や煩悩の底に流れているものを捉えて、それによって導き救うのでなければ、この限界は破れない。また誓いも対象によって制約され、それを超えるものとならない。そこに、真実の道理を縁とした誓いが考えられる必然性があるわけである。

それでは真実の道理とはなにか、ということになるが、それはもののありのままのすがた、ということである。つまり現実のすがたを正しく捉えた、変わらない真実である。しかしこれでは説明が抽象的で、思考が空転するだけであるから、源信の言葉に耳を傾けることにしよう。かれはこういっている。

一切のものは、本来、煩悩や苦悩をもっていない。有るのでもなく、無いのでもない。常住でもないし、断絶でもない。生ずることもないし、滅することもなく、穢《けが》れてもいないし、浄らかでもない。一つの色、一つの香りとして、そのまま真実のすがた（中道《ちゅうどう》）でないものはない。生死のすがたがそのまま永遠のさとり（生死即涅槃《しょうじそくねはん》）であり、煩悩がそのままさとり（煩悩即菩提《ぼんのうそくぼだい》）である。一つ一つの煩悩を裏がえすと、それがそのまま一切のさとりの智慧の完成（波羅蜜《はらみつ》）なのである。煩悩の愚かさ（無明《むみょう》）が智慧（明《みょう》）と変わるのは、氷をとかして水にするようなものである。それはいっこう、遠いかなたのものではないし、よそからやって来るのでもない。ただ一瞬の心に普《あまね》くすべてがそなわるのであって、如意宝珠《にょいほうじゅ》（すべてが思いどおりにかなえられるという、不思議な力をもった空想上の宝石）のようなものである。宝珠が有るのでもなく、無いのでもない。もし無いといったら、それは嘘であるし、有るといったら、それはよこしまな考えに外ならない。心で知ることはできないし、言葉で説明することもできない。

ひとは、この思惟を超えた（不思議）とらわれないもののなかにあって、思い廻らしてかえってとらわれ、逃げる必要もないもののなかにあって、逃げようと求めている。

この文章によってすでに真実の道理とはなにかが明瞭になったと思われる。それは一切の対立を超えた「中道」であり、現実のなかにそのままあらわれている真実そのものであり、一切のとらわれを捨てた「空《くう》」の究極に展開する清浄そのものである。したがってここに立った、とらわれのない慈悲の誓いこそが、一切のものを救うことができる誓いといえるわけである。だから源信はこの誓いを「最上の、さとりを求める心（菩提心）」と呼んでいるが、このさとりも実は求められるものでないことを知らなくてはならない。すでにさとりを求める心はとらわれを去っているのだから、さとりはないのである。「得るところがないから、得る。もし一切のものにおいて得るところがなければ、これをさとりを得ると名づける」（『荘厳菩提心経』）という言葉が語るように、心そのものもすでにとらわれを去っているから、さとりを求めることができるのである。また源信が抄録した『大智度論』にいうように、

> 一切のもの（法）は、求めても得られない（不可得）。これをさとり（仏道）と名づける。これがすなわち、もののありのままの真実のすがた（実相）である。そしてこの求めて得られないということもまた、求めようとして得られないものなのである。

しかし振り返って、真実をふまえた誓いがこのようなものを指すとすれば、これは大変なことといわなくてはなるまい。このような誓いの前にひとは誓いを立てて、ここに近づくよう努力に努力を重ねなければならないだろう。恐らく素質の劣った多くのひとは、誓いの前に早くも挫折するのではなかろうか。

愚かなひとの誓い

愚かなひとには苦しみに耐えて修行していけないことが始めからわかっている。そうとす

れば、このような広大な誓いを立てることは無意味に等しいのではないか。

いや、そうではない、やはり慈悲の誓い（悲願）をおこすことは必要だ、というのが源信の考えるところである。なぜなら、このような誓いははかり知れないほど多くの利益をそなえているから、という。そしてその例証は、「提婆達多《だいばだった》（釈尊の従弟。釈尊について弟子となったが、のちに厳格な規律を唱えて教団を離脱し、悪逆な阿闍世《あじゃせ》王と結託して、ついには釈尊を殺害しようとはかった、といわれる）は六万の蔵に収められた経を読みながら、それでも地獄に堕ちることを免れなかったが、慈童女長者《じどうにょちょうじゃ》の子（『雑宝蔵経』第一巻に、釈尊の遠い過去の前生を記して、かつて長者の子と生まれ、苦しみ悩む一切のひとを救おうと誓って、死後、兜率天に生まれた、という）はたった一度、慈悲の誓いをおこしただけで、たちまち兜率天に生まれることができた」ことに求められているが、かれはこれによって、天に昇るも、地獄に堕ちるも、その違いが、その誓いの心の有無にあって、行ないがどうだったかということには関係がない、と見たのである。経典にも、「よく生死の苦しみを厭い、深く究極のさとりの功徳としての楽しみを洞見するようなひとは、あまり施しをしたり、戒めを守ったり、教えを聞いたりしたことがなくても、よくさとりをもたらす真実を自分のものとすることができる」（『優婆塞戒経《うばそくかいきょう》』第一巻）といっているとおり、その誓いの真実がさとりの真実に通ずるのであって、さとりの真実を開きあかすその第一歩がここに踏みしめられる以上、誓いは無意味ではない。事に応じて心を用いれば、用いただけの意味が当然あるはずで、それが空しく終わることはないからである。

したがってなにはともあれ、みずからの力のつたなく愚かであることがどんなに恥ずかしく省みられようとも、とにかく心に誓いをおこすことが大切である。その誓いの成否を愚かに忖度《そんたく》する必要はない。機会あるごとに、いつも誓いをおこすよう、心を配るとよい。例えば、まずこのように誓うとよい。

どうか、このひとたちに早くさとり（無上道）をえさせてあげることができますように。どうか、わたしが、このようにして、やがて最初の誓いによる修行を為し遂げ、完全に施しをみたし、速かにさとりをえて、広く世のひとびとを救うことができますように。

このように、源信はここで四つの誓いの言葉をその能力に応じた形で指示することを忘れない。かれの説くところは、ときには深遠な仏教の哲理に及んで、読むもののなかにはそれについて行けない能力のつたなさを感じさせるものがあるけれども、かれ自身それをよく知って、そうした思いに挫けないよう、温かい配慮の手をさしのべ、導いて行こうと努めていることが、ここによくうかがえる。だから、もし暫くでも、よこしまな思いを押えつけることができたときは、このような第二の誓いを考えるとよい、と教える。

どうか、わたしが、このようにして、やがて第二の誓いによる修行を為し遂げ、さまざまな煩悩を断ち切って速かにさとりをえて、広く世のひとびとを救うことができますように。

そして第三・第四の誓いについても、

どうか、わたしが、このようにして、やがて第三の誓いによる修行を為し遂げ、さまざまな仏の教えを学んで速かにさとりをえて、広く世のひとびとを救うことができますように。

わたしは、この世に生を受けたそのときから、ようやく教えを学んでいく間はもちろんのこと、極楽に生まれた後も、思いのままに仏の道を学び、速かにさとりをえて、いつまでも世のひとびとに利益を与えつづけよう。

と記している。そしてこの誓いの思いは、僅かな水滴もつもりつもってやがて器を満たすように、さまざまな善を支えて、漏らすことなく、かならずさとりに導くに違いない、と力づけることを忘れない。

しかしこのように教えられても、愚かなひとは、いつも心を配っていることに耐えられないのではないか。そして耐えられなくなれば、おのずから先の功徳も失われるのではないか。この疑問についても、源信はけっして心配はない、と力づける。いったん「心をおこした後は、どんな善も、自覚があろうとなかろうと、おのずと最上のさとりに向かって行く」というのである。それはちょうど、一度溝を掘ると、自然にどこからも水が流れこんで絶え間がなく、いつか流れは大河となって海に注ぐようなものである。それはとぎれても、また通ずる。掘はそのつど深くなり、大きくなる。いまは力弱くなえることがあっても、それによって希望を見失ってはならない。無力ではあっても、後に思いをかけたらよい。たとえば貧乏で、いまひとに恵みを施すことができなくても、『十住毘婆沙論』の詩に、

われいまだ　学びのはじめ
そなえたる　善きたねもなし
心また　ままならざれば
願わくは　後に与えん

とうたわれているように、希望を後につなぐのである。そうすれば、いつかは誓いも完成するにちがいない。

しかしこういって力づける半面、源信は誤った邪《よこし》まな考えを抱くことに対しては、まことに厳しい態度をとって臨んでいることを忘れてはならない。それは、誓いにも挫けてしまう無気力な愚かさとは、まったく範疇を異にした愚かさだからである。いわば仏の教えの正しい理解に対して背を向ける愚かさであるとして、この愚かさはかならず克服しなければなら

ない、と教えている。いまそのような邪まな考えがなにであるか、多く言葉を費やす必要はないと思われるが、端的にいえば、有無の執着を捨てた正しい「空」「無所得《むしょとく》」から、道をあやまることを邪まな考えといったのであり、空《くう》を誤って空にとらわれる、いわゆる「空《くう》見《けん》」もまた固くいましめているものである。いまここでは、かれが掲げている『無上依経《むじょうえきょう》』上巻の文を引いて説明にかえよう。

もしだれかが、変らない永遠の主体があるというまちがった考え（我見）にとらわれ、そのとらわれが須弥山《しゅみせん》（インドの天文学的世界観によると、この山が世界の中心で、太陽も月もこの中腹を運行し、山の麓には九つの山と八つの海が順次に周りを取り巻いている、という）のように大きくても、わたしは驚きあやしまないし、またそしりもしない。しかしさとりを得ていないのに得たと慢心（増上慢《ぞうじょうまん》）しているひとが、一切は空《くう》であるというまちがった考えにとらわれるときは、そのとらわれが髪一筋の十六分の一ほどであっても、わたしは許さない。

廻向

さて以上によって、誓いについて多くのことが語られた。さらにこの誓いのすぐれた功徳や、それが単に自分だけのものでないことなども注目されるが、いまは次に移ろう。

さて次は「五念門」の順序としては「観察《かんざつ》」である。しかし「観察」は念仏としては中心をなす重要な部門でもあるから、いまは別に章を立ててこれを扱うことにして、ここでは最後の「廻向《えこう》」について触れたい。

「廻向」は普通、みずからの行なった善や功徳を自分だけのものとして享受するのでなく、それを「廻《めぐ》」らし転じて、他のひとや自分のさとりのためにさし「向」けることを意味する。したがってこれをさし向ける対象なり目的の捉え方によって、あるいは廻らすものの捉え方その他によって差が生ずる。例えば三種廻向ということがいわれる。これは、一つに自分の行なった善をさとりに向ける菩提廻向、二つにその善の功徳を他のひとのためにさし向ける衆生廻向、三つにその善を、ものの真実のありのままのすがた（実際《じっさい》）にさし向けて、その道理をさとる実際廻向、の三つを数えたものである。また往相《おうそう》・還相《げんそう》の二種の廻向がいわれるが、前者は自分の念仏の功徳を他にめぐらして、ともに浄土に往って生まれたいと願うもの、後者は浄土に生まれたあと、またこの世に還ってきて、世のひとを浄土に導きたいと願うものである。

しかし一般には、自分の善をさとりにふり向けるのが中心をなしていて、『源氏物語』「若菜」の巻下に、源氏が、出家して尼になってしまった朧月夜《おぼろづきよ》の尚侍に宛てて、「様々なる世の定めなさを、心に思ひ詰めて、今まで後《おく》れ聞えぬる口惜しさを、思ひ捨てつとも、さり難き御廻向の中には、先づこそはと哀れになむ」と書いて、たとい見捨てても、かならず日々の廻向のおりには第一に思い出して祈ってくれることと期待している様子がうかがわれるが、これは廻向の性格の一端をよく語っている。そしてこれが他にもふり向けられるから、尊いこととされ、『枕草子』にも「尊き物　九条錫杖《しゃくじょう》。念仏の廻向」といわれたのである。しかし源信ではこのような大まかな受け取り方はもっと教理的に整理され、これには五つの意味がそなわっていなくてはならない、と見られている。すなわち、まず㈠過去・現在・未来一切の功徳のもとを一身に集めるが、その際、㈡その心がさとりの智慧としての「一切智」を求める心に応じていることが必要で、そのうえで㈢この功徳のもとを世のひとたちと共有し、㈣それを最上の仏のさとり（無上菩提）をうることに振り向け、同時に㈤施すひとも、施されるひとも、施されるものも、実は空しいものであると認めて、この三つに執着しないこと（これを「三輪清浄」「三輪体空」などという）が必要だ、とされる。そして、これを念仏者の上に移して考えるときは、廻向は、

㈠心に念じ、口に称え、身に行なう功徳と、および三世のすべての功徳を生ずるもとになったものとを、㈡自分や他のひとがそれぞれの属するあらゆる全宇宙の一切のひとに振り向け（廻向）て、平等に利益を与え、㈢罪を滅し、善を生じて、ともに極楽に生まれ、普賢《ふげん》のたてた誓い（いわゆる普賢の十願）を速かになしとげ、自分もひとも同じように最上の仏のさとり（無上菩提）をさとって、未来永遠に世のひとびとに利益を与え、㈣さらに広く全宇宙（法界）にめぐらし与え、㈤仏のさとりにめぐらし、さし向ける。

ことになるとする。

その所論はいささか繁雑な感を与えるが、源信はそれを整理するために、みずから問答を設けて、読者の理解を助けようと試みている。しかしここではその細部に立ちいる必要はないから、五つの一々についてのダイアローグのなかから一、二問題点を取りあげることに止めたい。

まずここで源信がもっとも多く言葉をついやしている問題は、先の廻向の一般論で述べられた第三・第四で、功徳を世のひとと共有すると共に、それをさとりにさし向ける、といっていることとである。ここではなぜそうする必要があるか、という形で問われる。これに対する源信の答えはまったく経典の言葉によりかかったもので、四つほど文章を引用しているが、いまその一つ、『大乗理趣六波羅蜜多経《だいじょうりしゅろっぱらみったきょう》』に注目すると、そこにはこう書かれている。「どうして僅かな施しが多くの功徳をもたらすかというと、それはてだて（方便）の力によって、僅かな施しをさし向けて、世のすべてのひとととともに、同じように仏の最上のさとり（無上正等菩提）をさとろう、という誓いを立てるからである。この誓いを立てることによって、はてもなく量り知れない広大な功徳がえられるが、それはちょうど僅かばかりの雲がようやく広がって全宇宙にも遍くゆきわたるようなものである」と。経典のいうところは、簡単にいえば、功徳を共有し、それをさとりにさし向けようと願うとき、その僅かな功徳が莫大なものにかわる、ということである。これを、同じ引用の『大宝積経《だいほうしゃくきょう》』第四十六巻では、そうすることによって「功徳のたねがいつまでもなくならない」といっているが、ほぼ同一趣意を出ない。したがって、功徳を共有し、それをさとりにさし向けようと誓うことが、どうしてわずかな功徳を莫大なものにかえてしまうのか、その不思議はここでは問題にならない。経典の言葉はそれ自体が権威であり証拠であって、それを詮索することは、すでに冒瀆の沙汰にほかならないからである。だから、源信の注目は他に移され、次に先の廻向の一般論を念仏の問題に対応するとどうなるか、そこに焦点が当てられ、そこでは、功徳をさとりにさし向けた以上、極楽に生まれることを願うことは不必要ではないか、と問われている。

これについて源信はこう考えている。さとりは果報としては実であり、極楽は果報としては花であるから、実を求める以上、花は当然すでに願われていなければならないのだ、と。この考えは「作願」の項で源信がすでに説いた（触れなかったけれども）ところで、そこでは「仏を念じ、善を行なうことは浄土に生まれる行為としてはいわば種であり、極楽に生まれることは果報としての花であり、仏のさとりをさとることは果報としての実であって、世のひとに利益を与えることが本来の意図であることを知ることができる」として、このことは世間一般の、「木を植えて花を咲かせ、花によって実を結び、実をえて食べる」のと同じである、と論じている。すでにこのように論じているから、それを足場としてここにこうした答えがなされたのであろう。

次に、一般論の第五で、施すひとも、施されるひとも、施されるものも、すべてともに空であるのはなぜか、ということが問われている。つまりその必要が問われるのであるが、この答えには、とらわれを去った、もののあるがままの真実のすがた（実相）を捉えたひとの行ないは、けっして破られない、ちょうど「水のなかで燃えている火を消せるものがないようなものだ」（『大智度論』第四十六巻）ということがいわれる。三者が空と否定されれば、そこに施という行為はあって、しかもないから、施としてとらわれることがなくなり、とらわれがないとき、その施は真実のものとなるばかりでなく、不動磐石《ふどうばんじゃく》となり、その力はいやがうえにも発揮されることができるからである。ところで、これは念仏の場に移されたとき、第四の「広く全宇宙（法界《ほうかい》）にめぐらし与え」る、という表現に変わっているが、それは、ここでいう「全宇宙が、実はそのまま、絶対不動の、最勝真実の空（円融無《む》作《さ》第一義空）と一つ」のものだからである。「修めた善を廻らし、さし向けて、最勝真実の空と相応させることを、全宇宙にめぐらし与えるといった」のであるから、言おうとする趣意は同じである。したがって表現が変わって、「全宇宙にめぐらし与える」といったことは、とらわれを去った空の実践をいっているのであり、もののありのままの真実のすがた（実相）との融和一体をさしているのである。廻向はここに至って揺らぐことのない力強いはたらきに昇華する。

　しかし廻向がつねにこのようなものでなければならないとしたら、愚かなひとには不可能ではないか。とらわれの心を去ろうとして去り切れないのが、愚かなひとのさがである。しかしそうしたとらわれに包まれた愚かさのうちにも、ひとはそれなりに、みずからの功徳を廻らし、さし向けたい、と願う。そうした願いはまったく無意味なものであろうか。それには利益はないのか。源信は最後にこの問題をとりあげている。この問いは万人の声を代表したものとしてきわめて重要である。またかれの考えを窺うえにもおろそかにはできない。かれはこれに対して、『大智度論』第七巻の文を引用しているが、その意味はきわめて大きい。

小さな因によって大きな結果をえ、小さな縁によって大きな果報をうることがある。さとりを求めて、詩一つを詠み、ただ一声《ひとこえ》南無仏《なむぶつ》と称え、一つまみの香をたくだけで、かならず仏となることができるようなものである。まして「多くのものは実に生ずることも滅することもなく、生じないことも滅しないこともない」と聞き知って、しかも因縁による、きめられた行為を行なっても、またえられた功徳は失われないのである。

この文章にはいうにいわれない深い意味がある。まさに髻《もとどり》のなかの明月珠である。源信もこの言葉に千鈞《せんきん》の重みを認めて、力弱い愚かなひとの心の支えとしているのである。

第四章　正しい念仏

観察

先にも示したように、源信は「第四章　正しく念仏を行なうこと（正修念仏）」のなかで、世親の「五念門」をとりあげて、これによって念仏を考えようとした。そのかぎりでは念仏の概念内容はいささか広い包容的なものとなるが、しかしその中心が「観察」にあることは論を俟《ま》たない。したがって念仏を語ろうとする以上、ここにまず視点をすえて、ここからはいって行くことにする。ただ、「観察」と打ちだすとき、その念仏がどのようなものを目当てにしているか、予示させるものがあるが、その先入主はいちおう捨てておかなくてはならない。

さて源信は初心のひとに応じた観察を念頭に置いて、これを三つに分け、それぞれ適当と思ったものを用いるとよい、としているが、その三つとは、阿弥陀仏の身体的特徴（相好《そうごう》）について、その「一々を観想するもの（別相観）」、「総括的に観想するもの（総相観）」、「特定のものに限って観想するもの（雑略観）」である。いまその概略を述べて、念仏における観察がどのようなものであるかを理解するよすがとしよう。

仏の「華座」の観想

まず「一々を観想するもの」についていうと、源信はこれを二つに分け、一つは仏の坐っておられる「華座《けざ》」を観想するもの、二つは正しく仏の身体的特徴である「相好《そうごう》」を観想するもの、とする。だからこの考えに従って、まず「華座」の観想について述べるが、ここで注意されることは、この「華座」の観想については『観無量寿経』の文を引用してその説明にかえていることである。このことは、源信がこの「華座」について何を考えていたかを理解させる。少なくとも『観経』によって「華座」を見る以上は、中国の先徳たちがこれについてどのような解釈をしていたか、知らないわけはないからである。そしてこう理解するとき、源信が「相好」の観想と直結させてこの「華座」を取り上げたことは、中国浄土教の大成者で、『観経』に対して重要な注釈を残した善導の考え方を取らなかったことを意味し、世親の『浄土論』や曇鸞の『論註』、あるいは三論宗の吉蔵《きちぞう》の考え方などに従ったことを語るようである。すなわち『浄土論』では「華座」を仏として当て、曇鸞や吉蔵ではこれに坐する仏に重点を置いて、ただの座とは見なかったから、『観経』に説く十六の観想の第七に位する「華座」以後は仏そのものを観想するものとして「正報《しょうぼう》」（過去の行為の報いとしてえた身体）とし、それ以前の六つは「依報《えほう》」（身体の依りどころとなる環境、すなわちここでは浄土）と当てているのである。このことは、『往生要集』が善導のものを随所に引用している態度とはいささか齟齬している点である。『観経』の十六観想の内容をどう理解するかによって、組立て方の理解に差が生じてくるが、善導の解釈が一風《いっぷう》他とかわっているためにとらなかったものであろうか。

さて『観経』に語る第七の「華座」の観想はいささか表現が細部にわたっている。

七つの宝玉をちりばめた地の上に蓮華がさいている想いを抱きなさい。その蓮華の一つ一つの花びらにたくさんの宝玉が色とりどりに輝き、八万四千のすじがあって、ちょうど天上の画のようであり、また一つ一つのすじから八万四千の光が射している様子を、明るくはっきりと、すべて見るようにしなさい。華や葉の小さいものでも広さは二百五十由旬《ゆじゅん》もあるが、このような蓮華には八万四千の花びらがあり、一つ一つの花びらの間には、百億の摩尼《まに》の珠玉が飾りとなって照り映えている。一つ一つの摩尼の珠玉は千の光を放ち、その光は日傘のように七つの宝玉の光を放ち、あまねく地上を覆っている。世にもっともすぐれた釈迦毘楞伽《しゃかびりょうが》の宝珠《ほうじゅ》（帝釈天の頸飾りとされるが、釈尊や観音などの飾りともされる。純金色で、他のどんな宝よりもすぐれているとされる）で蓮華の台《うてな》をつくっているが、この蓮華の台は、八万のダイヤモンド・甄叔迦宝《けんしゅくかほう》（赤色宝ともいう）・梵摩尼宝《ぼんまにほう》（梵天の如意宝珠のことともいう）・真珠などの網をとりまぜて飾ってある。その台の上には自然に四本の宝玉をちりばめた幢《はた》があり、その一つ一つの幢は百千万億の須弥山を集めたようである。幢の上の宝石をちりばめた幕は夜摩天の宮殿のようで、五百億のいいようもない美しい宝珠が飾りとなって照り映えている。そして一つ一つの宝珠からは八万四千の光がさし、一つ一つの光は八万四千のさまざまな金色《こんじき》となって輝き、一つ一つの金色の光がその浄土に満ちみち、あちこちで変化して、それぞれ違ったすがたをあらわしている。あるいはダイヤモンドの台となり、あるいは真珠の網となり、またあるいはとりどりの華の雲となって、十方《じっぽう》に思いのままにすがたをかえ、仏の教化を助ける飾りの役をしている。以上が華座の観想である。

経典の文章はさらに続くが、いまはすでに明らかである。このように語られている「華座」について、他の観想をまじえないで、一つ一つの葉、一つ一つの珠、一つ一つの光、一つ一つの台、一つ一つの幢が、鏡のなかに自分の顔を見るようにはっきり観想するのである。

ところで、ここで「観察」とか、観想とかいっている観は、もちろん心でみることを意味する。対象をはっきりと捉えた上は、「目を閉じても開いても（開目閉目《かいもくへいもく》）」見えるようにするのであって、単に目で対象をあれこれ観察するのとは違う。だから、心の動揺を静め、邪念を払い、心の統一をはかったうえで、対象を心中に浮かばせるのである。仏教ではこれを止観《しかん》と呼ぶが、止は、心の動揺がおさまって対象に心が静かに向かっていることであり、観はその対象が正しく捉えられ、智慧のうちに収めとられることである。したがってここでは「華座」のすがたが克明に心に捉えられ、浮かべられ、繰り返しながめられるのである。

個々一々にわたる観想

『観経』では、「華座」のつぎが仏の「像」の観想である。これは、この二つが密接な関係にあるからで、このことは経に「目を閉じ、目を開いて、一宝像が紫磨金色《しまこんじき》に輝き、かの華の上にお坐りになっているすがたを見なさい」といっていることからいえるが、すでに「像」を観想したのであるから、そのあとは当然、仏のすがたそのものを観想することに移る。いわゆる「真身観《しんしんかん》」で、仏の「身体的特徴（身相）と光（光明）とを観想」するのである。しかし源信は「像」と「真身」の差を立てないで、とにかく仏の相好の観想を細かに説明するという行き方をとる。したがって細部の説明はもう『観経』によらないで、ほぼ『観《かん》仏三昧海経《ぶつざんまいかいぎょう》』などを参照して整理したもののようである。そしてここで源信が整理したものは全部で四十二であって、いわゆる「三十二相《そう》八十種好《しゅこう》（または八十随形好《ずいぎょうこう》）」（相は身体的特徴としてははっきりした見分けやすいものを指し、種好は細かくて見分けにくいもので、これらをあわせて普通、相好《そうごう》という）を適当に組み合わせたものである。以下一々について説明することはわずらわしいし、また必要でもないから、主だったものや特色のあるものをとりあげて、説明しておく。この場合、頭の部分からはじめて足に及ぶのを順観、その逆が逆観であるから、まず頭の方から始める。

源信がまず第一にあげているのは、頭の頂きの上の肉の隆起で、この相を「肉髻《にくけい》」というが、普通仏像などでは髪の毛が頭の中心でもりあがっているように見える部分である。しかし仏の身体は大きいから、見ることができるひとはいない。高く秀でて円《まる》く、仏の頭上にかかっている日傘（天蓋《てんがい》）のようである、といわれる。こうした見ることのできないものを観想するのであるが、また、その肉のもりあがりの上には大きな光があって、さまざまな色を呈し、その色がさまざまに分かれて、そこに仏の分身としての化仏《けぶつ》（仮りに姿を現わした仏）を現わしだし、その化仏の頂きの上にも同じように光が輝き、光と光があいついで、天上の量り知れない多くの世界に達し、天上の世界からは化菩薩《けぼさつ》が雲のようにおりて来て、仏の周りをかこむ、といった情景を、心に想い描くように教えている。そしてこの「肉髻相」を観想できると、千億劫にわたって生死を重ねなければならないきわめて重い悪業《あくごう》も除かれ、悪道に堕ちることがない、と示している。

次に眉間の白毫《びゃくごう》が注目されるが、これはとくに重要で、別に「特定のものに限って行なう観想」として扱われているから、後にゆずることにしよう。

つぎに源信は個々別々に扱っているが、眼と鼻と唇についていうと、まずその眼は青く澄みわたっている。今様《いまよう》に「眼の間の青蓮は、四大海をぞ湛《たた》へたる」とうたわれているのは『往生要集』によったものであるが、すでに竜樹の『十二礼』には「両《ふた》つの目の浄きこと青蓮華《れんげ》の若《ごと》し」と讃えられている。『維摩経《ゆいまきょう》』に、釈尊を讃えて「清き眼は青蓮華　禅《じょう》を修めて浄らけく　久しきわざに　名も無量」といっているのも同じ趣意で、仏の相好を称する一般にしたがったものである。また鼻は「秀でて高く鼻筋が通っていて、鼻孔は見えない。金を鋳《い》てつくった弓の鉉《つく》（折釘状の金具）のようであり、鸚鵡《おうむ》の嘴《くちばし》のようである。鼻の内も外も清浄で、不浄なものは影もない」と述べられ、そして唇は「頻婆《びんば》の実のように赤く、上下ともたがいに枰のようにつりあいがとれて、厳かに麗しい」と讃えられているが、このようなすがたとともに、それらが光を放っているさまをも観想するよう、源信は付け加えている。光のさすさまは、たとえば唇でいうと、百千の赤い真珠に糸をとおしたようになってでてくると、鼻と白毫と頭髪との間を往き来して、めぐりめぐって、頭の頂きからでる光と一つになる、というから、それぞれ違っているが、ともかく光が阿弥陀仏にとって欠くことのできないものであることは、ここからも窺い知られる。またこの三つはともに随好である。

次は舌の相で、普通「広長舌相《こうちょうぜつそう》」といわれる。『阿弥陀経』に六万の諸仏が阿弥陀仏にそなわる思惟を絶した功徳をほめ讃えたさまを叙して、仏たちは「広く長い舌（広長舌相）をだして、ある限りすべての世界（三千大千世界）をことごとく覆いつくして、はっきりこういわれる」と記しているように、阿弥陀仏の舌は「薄く清らかで、広く長く、よく顔を覆い、耳や髪の生えぎわから、天上の梵天にまで達する」もので、「その色は赤銅《あかがね》のよう」に赤い、という。舌が顔を覆うということは、その説くところが真実である、という意味で、インドや西域地方ではそのような考え方があった、といわれるが、源信も『大集経《だいしゅうきょう》』の文によって、仏は「四つの口の過ち（十悪のうち、口に関する四つの悪を指す。嘘をいう、二枚舌をつかう、悪口をいう、無駄口をたたく、の四）を犯さないよう努めて、この広く長い舌の相をえられた」といっている。またこの舌には五つの絵模様があって、ちょうど印章に刻まれた文字のようである、といい、微笑して舌が動くと、五色《ごしき》の光がでて、仏のまわりを七周して頂きにはいる、ともいう。したがってこういったすがたを観想するのであるが、この相と直接、関係があって、源信もこれと並べて説いているものに、つぎのような相がある。それは、舌の先の両側に二つの宝珠があって、甘露の液を出し、舌の根をうるおすものである。三十二相としては「咽中津液得上味相《いんちゅうしんえきとくじょうみそう》」と「梵音深遠相《ぼんおんじんおんそう》」にわたり、源信はこれをとって一つに整理したのである。

また「梵音深遠相」というのは、仏の声が天の鼓《つづみ》のように美しく、はなされる言葉は迦陵《かりょう》頻伽《びんが》（極楽にすむ鳥の名で、その声はきわめて美しいとされる）のようで、響きは遠くあるかぎりの世界に達する、といったことをあらわしているが、これを含めて、『観仏三昧海経』では「頸相」が説かれ、源信はこれによって、先の「梵音深遠相」とともに、仏の咽喉には点相があることを述べ、これを観想するよう教える。その点相というのは∵形のもので、これは伊の字に似ているといわれ、そこでこれを伊字の三点というが、それはサンスクリット語の字母のｉ（イ）が「伊」と表記され、その書体が𑖂で、ちょうど三つの点のようになって見えるからである。ここからまた、大自在天の三つの目、∴にも比較されている。ところでこの三つの点からはそれぞれ光が放たれ、頸から出ている円い光の周りを七廻りしている。しかも光は混雑しないで、はっきり区別がついており、その光の上にそれぞれ美しい蓮華があって、七人の侍者の菩薩を従えた化仏がその上に坐っているが、菩薩たちの手にしている如意宝珠からは金色の光がさし、青や黄や、赤・白、それに珠そのものの色も備わり、たくさんの光が上下左右に、それぞれ二メートルばかりの周りをめぐっている、という。　点相とそこから放たれた光を観想するのである。

次に腕に移ると、源信はこれについては三十二相の第九の「手過膝相《しゅかしっそう》」をあげて、この

「仏の両臂《ひじ》は長くよくのびて、象の王の鼻のようにつり合いのとれた円味があり、そのままたれると膝にとどく」と説明している。奈良、法華寺の十一面観音の、あの膝までたれた円《まろ》やかな特徴のある腕を想起させるものがある。またこのように観想するとよい、といって、「手のひらには千本の車のや（千輻輪《せんぷくりん》）が筋《すじ》になっていて、それぞれ百千の光を放ち、あまねく十方を照らして、それが変じて金の水となっている。そしてその金の水のなかにはいうにいわれないある水があって、水晶のような色をしていて、餓鬼はこれを見ると、熱がのぞかれ、畜生は過去の宿命を知り、たけり狂う象は獅子の王となり、獅子は見ると金翅鳥《こんじちょう》となり、さまざまな竜も見て金翅鳥の王となる」と記している。説くところは『観仏三昧海経』に依ったものであるが、「金の水」がなにをさすかははっきりしない。手のひらの「千本の車のや」は足のうらにも見られるもので、これはとくに三十二相のなかに数えて「千輻輪《せんぷくりん》相《そう》」といわれる。これについては後に触れる。

次に胸についていうと、胸には卍《まんじ》の相がある、という。これは『観仏三昧海経』では「胸《きょう》臆字《おくじ》卍字《まんじ》相《そう》」（または胸徳字万字相）といっているが、八十種好では第八十に当たるもので、種好としては手足及び胸にある、すぐれためでたい（吉祥《きちじょう》）相である、とされる。この卍字はまた「実相の印」と呼ばれ、それからは広大な光が放たれる、という。またその光のなかには幾百幾千のさまざまな花があって、それぞれに量り知れないほど多くの化仏がいて、同じように卍字から光を放ち、世のひとに恵みを与えて、菩薩の修行である六種の智慧の完成（六波羅蜜《ろっぱらみつ》）について教えを説く、というが、経によると、この仏たちの光がこうした智慧の完成について教えを説くから、この卍字を「実相の印」というのだ、ということである。「実相」とはすべてのものの真実のありのままのすがたということであって、これこそ大乗の真髄であるから、いわば大乗の印であるが、智慧の完成（波羅蜜《はらみつ》）もまた大乗の菩薩としては真髄であるし、その智慧の完成によって「実相」が明らかになるから、この意味において、このような教えを説く光が出てくるもとを「実相の印」と呼んだのであろう。

次に仏には「身金色相」がある。すなわち全身が純金色に輝き、光の清らかな相である。だからどんなひとも、礼拝したいと心に願うことであるが、念仏のひとも浄土に生まれたときは、仏と同じように身は純金色に輝き、身体ばかりか触れるものすべてが清浄になる。これは、源信が浄土でえられる喜びの一つとして数えたものである。仏にかたどった像が塑像や木彫でも金色に塗られるのは、ここにその根拠がある。

次に仏には「馬陰蔵相《めおんぞうそう》」というのがある。多くの相好は仏像にも現わしださせるが、これは仏の性器に関するもので、馬のそれのように体内に収められ、その部分は満月のように平らで、金色の光があり、また「ちょうど太陽のように、ダイヤモンドでできた器のように、内外ともに清浄である」といわれる。この相は、仏の身体が他にすぐれていることを示すには、いささか風変りで異様の感を与えるけれども、源信はこの疑いを解くためであろう、『大智度論』第二十九巻によって「また懺悔を行ない、さらに邪しまな淫欲を断ったからである」といっている。また婦人をして仏の身体を見ても淫欲のおこらないようにさせよう、という配慮からであろう。そして源信も善導の言葉を引いて、仏の馬陰蔵相を想うときは

「即座に欲心がなくなり、罪の障《さわ》りも消え去って、量り知れない多くの功徳をうる、と仏はいわれた」（善導の『観念法門』）と記している。

さて最後に「千輻輪相」について触れなければならない。さきに「手過膝相」のところでのべられたように、手のひらにもこの相があるところから「手足千輻輪相」ともいうが、古く仏像が仏の足を刻むことから始まって、その足裏に千輻輪相を刻んでいるのを見ると、この相は仏をえがくこととともに歩きつづけてきた、もっともポピュラーな相であったということができる。日本では、かの文室真人浄三《ふんやのまひときよみ》が生母の追福《ついふく》のためにたてた「仏足石《ぶっそくせき》」が薬師寺にあって、この石に刻まれた仏のみ足はその歌に知られるように、仏に対する讃仰の心をあらわすものとなって、多くのひとの信仰のなかに生きてきた。「よき人のまさ目に見けむみあとすらを我はえ見ず石《いは》に彫《ゑ》りつく玉にゑりつく」「みあとつくる石の響は天《あめ》にいたり地さへゆすれ父母《ちちはは》がためにもろ人のために」「このみあと八万《やよろづ》ひかりを放ちいだし諸々《もろもろ》すくひわたしたまはな救ひたまはな」など二十一首は、仏の相に対する敬虔な信仰を詠いあげている。そしてまたこれを刻むことが父母の追福になることは、源信が記しているように、父母に対してさまざまに供養し、生命あるものが苦しみ悩むのを見ていろいろと救け護り、努めることによって、仏はこの相をえられた（『瑜伽論《ゆがろん》』第四十九巻）、ということからも、窺い知られる。観想としては、この足の裏にあらわれている、車のたがやこしきに千本の輻《や》をはめこんだ文様を静かに心に想い描くのである。

さて、以上は源信が述べている四十二の観想の一部で、適宜、頭の方から足に下って拾ってみたものにすぎないが、源信自身も『観仏三昧海経《かんぶつざんまいかいぎょう》』によっておびただしい数の相好を整理したのであるから、これでもよいといえば、いえることである。ただ観想としては源信はすでに三種に整理しているから、「個々にわたる観想」としては少なくとも三十二相はすべて含めて観想するのが望ましい、といえよう。いま三十二相の名称だけを掲げて、それがどのようなものであるかを知るよすがとしたい。先とは逆に足から頭に及ぶ順序に従えば、次のとおりである。

（一）足安平相（足うらが扁平足である）、（二）足千輻輪相、（三）手跟繊長相（指が長い）、（四）手足柔軟相、（五）手足縵網相（指の間に水掻きのような膜がある）、（六）足跟満足相、（七）足趺高相（足の甲が高い）、（八）腨如鹿王相《せんにょろくおうそう》（ふくらはぎが鹿の王のようにほっそりとすんなりしている）、（九）手過膝相、（一〇）馬陰蔵相、（一一）身縦広相（身長と両手を広げた長さが等しい）、（一二）毛孔生青色相（毛が青い）、（一三）身毛上靡相、（一四）身金色相、（一五）常光一丈相、（一六）皮膚細滑相、（一七）七処平満相（両足、両手、頸、両肩の七所がふっくらと充実している）、（一八）両腋満相（腋の下にくぼみがない）、（一九）身如師子相（獅子のような威厳がある）、（二〇）身端直相、（二一）肩円満相、（二二）四十歯相（歯が四十本ある）、（二三）歯白斉密相、（二四）四牙白浄相（四本の歯が白い）、（二五）上身如師子相、（二六）咽中津液得上味相（唾液で味がうまい）、（二七）広長舌相、（二八）梵音深遠相（声が朗々としている）、（二九）眼色如紺青相、（三〇）眼睫如牛王相、（三一）眉間白毫相、（三二）頂成肉髻相（三十二相の一々の相の呼称はかならずしも一定していないので、いまは『新・仏教辞典』（筆者の共著〔誠信書房、一九六二年。第三版、二〇〇六年〕により、一部は訂正した）。

ただし観想としては、一度にたくさんの相を観想しないで、一つから始めて、終わったら次に移るようにし、観想を混雑させないようにすること、また観想には、順序どおりにしたり、逆にしたりして、繰り返し十六遍続けるように、と『観仏三昧海経』では勧めている。

見仏

ところで、このような観想において、源信においてもっとも期待されたものはなにかというと、それは見仏であったようである。それは単に「念仏の利益」（第七章。ここで見仏が大きく取り上げられているが）としてだけではなく、それによっていまわのきわにも恐れることなく、浄土に生まれることを信じて、死んで行ける、としたことにある。臨終に仏の来迎を頼んだのは、この一端のあらわれで、仏の迎えはそのまま仏を見ることと一つだからである。したがって平生の観想において仏を見ることができれば、浄土に生まれることの確証とも考えられることになる。だから、源信は「この身のままで仏をまのあたり見ること」を取りあげ、『文殊般若経』下巻の詩を引き、

この三昧（観想をいう）を　　たもつとき
百千の仏　　現われん

いまわのきわの　恐れにも
これあるときは　畏れなし

といわせている。それはまさにどんな確証にも勝った、最も力づよい仏の救いの実証であった、といえるかもしれない。

源信が『往生要集』のなかで数多くの引用を行なって、その教えを受けることが多かった善導は、『観経疏《かんぎょうしょ》』の末尾において、自分はいまこの書において「古今を楷定《かいじょう》しよう」と思うが、それが三世《さんぜ》の仏や釈尊、阿弥陀仏の慈悲のみ心にかなうならば、夢に阿弥陀仏とその浄土のすがたを見ることができるように、と誓って、それが夢でなく、まのあたりにおいて実現したことを記している。事情は違うが、「古今を楷定する」という自信が見仏によって与えられたことは、源信の、臨終における恐れのない自信と一脈相通ずるものがあろう。

そしてこの見仏がとくに注目されるのは、源信の師良源が見仏を説いた経典『観経』を注釈して『九品往生義《くほんおうじょうぎ》』を書きながら、ついに見仏について触れようとしなかったことと、あまりに対照的だからである。しかも見仏は源信以後、大きく取り扱われるようになる。

総括的な観想

『梁塵秘抄《りょうじんひしょう》』の、阿弥陀仏を讃えた今様には、「弥陀《みだ》の御顔《みかほ》は秋の月、青蓮《しやうれん》の眼は夏の池、四十の歯ぐきは冬の雪、三十二相春の花」と四季の風物になぞらえてうたわれているが、これはとりもなおさず、阿弥陀仏のすがたを総括的に捉える一つの試みであって、観想に移していえば、このようなすがたを阿弥陀仏において観想することである。また「眉の間の白毫《びやくがう》は、五つの須弥《すみ》をぞ集めたる、眼の間の青蓮は、四大海をぞ湛《たた》へたる」といっているものも、同じように理解される。これと同様のものは『栄花物語』「たまのうてな」にも認めることができるが、そこではずっと詳しく、

仏を見奉れば、丈六《ぢやうろく》の弥陀如来、光明最勝にして第一無比なり。うすつ《（烏瑟）》の御頭《かうべ》緑の色深く、眉間の白毫は右に廻りて、宛転《ゑんてん》せること五の須弥《しゆみ》の如し。青蓮の御眼《まなこ》は四大海を湛《たゝ》へ、御脣は頻婆《びんば》果《くわ》の如し。体相威儀いつくしく、紫磨《しま》金《ごん》の尊容は、秋の月の曇《くもり》なく、無数の光明あらたにて、国界遍《あまね》く明らけし。微妙浄法の身にいろ〳〵の相好を具足し給へり。光の中の化仏無数億にして、光明互に照し交《かは》せり。これ即ち無漏《むろ》の万徳の成就し給へるなり。慈悲の相好は眼にあり、法音の相は口にあり、弘誓《ぐぜい》の相は面にあり、愛敬《あいぎやう》の相は歯の光にあり、神通《じんづう》の相は勢《いきほひ》にあり、妙好高妙の相は形体にあり、方便無量の相は容貌《ようばう》にあり、十力無畏の相は起居《たちゐ》するにあり、大定智《だいぢやうち》の相は意気にあり、真如寂静《しんによじやくじやう》の相は腕《たぶさ》にあり。

と記されている。ただ仏のすがたを叙したものと取れば、それだけのものに過ぎないともいえるが、これもまた観想の場に移せば、そのまま総括的な観想の仕方を語るものと考えるこ

とができる。この物語の作者は仏のすがたを叙して、思いもよらないところであっただろうが、観想の総括的な仕方を教える結果になったようである。それというのも、この文章が多く『往生要集』や『六時讃』のなかから取られた語句によって再構成されたためであろう。ただ文章として、「慈悲の相」以下は静照の『極楽遊意』によっているが、またその意味はいささか観念的で、意図するところも明瞭さを欠いている。

とにかくこのようなもののもとは『往生要集』にあるが、そこでは総括的観想として、まず宝玉で飾られた大きな蓮の台を観想し、ついで阿弥陀仏に移って、その身体が紫磨金の光をはなっていること、身長は六十万億那由他《なゆた》（那由他は数の単位で、通常は一千億をさす）のガンジス河の、その砂の数のように多い由旬《ゆじゅん》（距離の単位）の高さがあること、白毫は右に渦巻いて五つの須弥山を集めたように大きく、眼は四つの大海の水のように澄んでいること、身体からでる光は須弥山のようであり、頭のまわりの光は全宇宙の百億倍も大きいこと、またその光のなかには数えられないほど多くの菩薩を従えた化仏が数限りなくいること、などを観想するように教えている。

そしてこのように観想するとき、念仏のひとの視界からすべてが消え去って、ただ仏の姿だけが浮び上るとして、こういっている。「すべて形あるもののすがたは消え、……目にはいるものはただ、阿弥陀仏の相好だけであり、世界をめぐって満ちみちているものはまた閻《えん》浮檀金《ぶだんごん》（閻浮の林から流れでる川で採取される金の意で、金のうち最高のものとされる）の光だけである」と。それはちょうど、世界中が水に覆われたとき、ただはてしなく広がる水だけを見るようなものであるが、また「念仏のひとは、心の眼で自分の姿もその光のなかに照されているのを見る」のである。

ここにおいて観想は終わる。阿弥陀仏の相好と光だけが心眼にうつれば、観想は成就したことになる。だから、これ以上は、念仏者の好むところにまかされるが、源信がこのような仏の相好と光明を通して、さらにそれらが仏の「三身」においてながめられるとともに、その三が一つである、と知らなくてはならない、といっていることは、注意する必要がある。

すでに前章の「具体的事物に立った誓い」（一二二ページ）の項で説明したとおり、三身は法身《ほっしん》・報身《ほうじん》・応身《おうじん》の三で、その包容する意味内容はそれぞれ異なっているが、ここで源信が説こうとしていることは、まずこうである。

阿弥陀仏は、その現実の具体的なすがた（事）において、他の一切の仏と同じように、さまざまな身長をとってあらわれ、身は金色《こんじき》で、限りない利益を与えるから、応身であるが、またそのこころ（意）において、他の一切の仏と同じように、そのすぐれた十の智慧の力（十力）や広大な慈悲（大悲）など仏だけに備わる特質をそなえ、相好のその一辺さえも見ることができないほどであって、いわば「形のない、しかも最高第一の身体をもっている」から、報身でもある。しかしまたその本体（体）においても、一切の仏と同じように、備える相好の一つ一つが、もののの真実のすがた（実相）であって、そのすがたが示す理法の世界（法界）は、生ずることも滅することもなく、完全で、現象世界と現象を超えたものとの功徳の一切がこれによって清浄なのであるから、法身なのである。したがってここにおいて阿弥陀はそのまま「三身一体」の仏である。そこでは、過去・現在・未来にわたる、十方すべての仏の三身も、それらの教えも功徳も、いや、「およそ一切の、尽きることのない全宇宙(法界)は阿弥陀仏の一身に備わって、時間・空間を超え、変化も無変化もなく、実でも虚でもなく、また有るのでも無いのでもなく、本来そのあるままに清浄で、心に思うことも言葉でいいあらわすことも、ともにその道はまったくない」のである。

またこうも言うことができる。阿弥陀仏は、わたしたちのこの具体的な身体が備えているような、主観・客観において捉えられる身心に即して、これを仏と呼んだものではないが、またそれを離れて呼んだのでもない。即してでも離れてでもない。源信の表現を借りるならば、仏は、

静かに動くことなく、ただ名前があるだけである。だから、ここから当然、観想される多くの相好は、とりもなおさず、三身がそのまま一身であるところの相好であり、光明であって、多くの仏が身体を同じくした相好であり、光明であり、すべての徳が渾然と融けこんでいる相好であり、光明である、と理解しなければならない。

ところで、現象はそのまま実体のあらわれであるから、これを真如《しんにょ》・実相《じっそう》といい、実体はそのまま現象によってあらわれるから、これを相好・光明というのである。だから一つの色、一つの香りとして、そのまま中道実相のあらわれでないものはない。また印象感覚や知覚・表象・意志・心にしても、これと同じである。わたしがもっている三つの

悪道に堕ちる罪も、阿弥陀仏のすべての徳も、それとしては本来空々寂々《くうくうじゃくじゃく》として同じもので、たがいにさえぎることはない。

（寂静にして但《ただ》名のみ有り。是の故に当《まさ》に知るべし、所観の衆相《しゅそう》は即ち是れ三身即一の相好光明なり、諸仏同体の相好光明なり、万徳円融《ゑんにう》の相好光明なることを。色即是空《しきそくぜくう》なるが故に、これを真如実相と謂《い》ひ、空即是色なるが故に、これを相好光明といふ。一色一香、中道に非ずといふこと無し。受・想・行・識も亦復是《またまたか》くの如し。我が所有の三悪道、弥陀仏の万徳と本来《もとより》空寂にして、一体無碍《むげ》なり。）

したがって阿弥陀仏を、三身をそのまま一身とした仏として、観想することが望まれるのである。

ここには天台宗の深奥な教義の理解と実践修行との裏付けを要求するものがある。それだけに『往生要集』のなかでも、教理的な中核に触れた、数少ない箇所の一つともなっているが、このうち、阿弥陀仏がそのまま一切の仏であるということについては、その理解を助けるために、天台宗の開祖智顗《ちぎ》の言葉と『観仏三昧海経』の文を引いて説明している。智顗の言葉に見られる『華厳経』の引文には、

いっさいの　　仏の身こそ
これはこれ　　阿弥陀の身なれ

そのままに　阿弥陀の心
智慧・力　無畏《むい》もまたしかり
（一切諸仏の身は　即ち是れ一仏身なり、一心、一智慧なり、力・無畏も亦然り）

といっている。

また、このような観想は、源信が「観察」の始めにいっているような、「初心」のものとは思えない。愚かなものの心の及ぶところではない、と疑われる。そこでこの疑問をとくために、源信は『観経』によって、愚かなひとの自力では及ばないが、「仏の誓いの力がはたらくから、かならず成就することができる」と教えている。ここには、当然なこととはいえ、「初心」にも高度の観想が可能になる、と力づける、源信の一つの姿勢が窺えるようである。このことは、『往生要集』を理解するためにも、指針を提供するだろう。

さてここで注目して置きたいことがある。それはほかでもない。前記の引文が数語の差異が見られるほかは、まったくそのままの形で『栄花物語』「たまのうてな」に見られることである。そこでは、その引文を「一体無导《むげ》なりといひき」と結んでいる。きわめて固苦しい教理的な文章でありながら、和文として書下すとき、それがじゅうぶん簡潔でしかも流麗な文によみがえることを、このことは教えている。日本人の漢文は和文として扱うのが正しい、という証左にもなるとともに、思想的に深く難解であっても、これを無下に文学のなかから捨ててしまってはならないことを示すようである。

白毫の観想

さて最後にある特定のものに限って観想を行なうよう、源信は勧めているが、そこで採り上げられているものは、白毫の観想である。

この観想がとくにとられた理由は、一つには白毫を見ることによって、八万四千の相好もおのずから見えてくるほど功徳が大きいからであるが、さらに重要なことは、どんな「邪しまな考えをもった極悪のひと（邪見、極重の悪人）」（『観仏三昧海経』）も、この観想を耳にして怒りや恨みの心をおこすことはないし、たといおこしても、白毫の光はこのひとをさえ包み護る、ということである。いってみればこの白毫の光はすでに観想されるまえに、一切のものをそのなかにおさめとって、まもっているからである。もちろん極悪のひともそのなかに洩れてはいない。このことは仏の時代を遠くはなれた後の末の世のひとにとって、大きな救いであるにちがいないのである。こういったことに視点をすえて、源信は、多くの相のなかから、仏の頂きの肉髻とか、清らかな朗々とした音声とか、そういった功徳の豊かなものを採らないで、とくに白毫をとって、これを観想するよう勧めたのである。

もっともその捉え方は、さきに三十二相の一々を観想するときに教えた内容とは少しく異なり、この白毫について細かな観察を加えるよりも、重点的に把握しようとして、その相と光との関係においてこれを観想することが指示されている。すなわち、白毫は五つの須弥山のように大きく（『梁塵秘抄』には、これを受けて「眉の間の白毫の、一つの相を想ふつべし、須弥《すみ》の量《はか》りを尋《たづ》ぬれば、縦広《じゆうくわう》八万由旬《ゆじゆん》なり」とある）、そのなかに七十億五千六百万の光があって、赫々《あかあか》と輝き、その光の中に一切の仏が数限りない多くの菩薩を従えて姿を現わし、美しい声で教えを説いていると共に、その光はまた、「一つ一つが一切の世界を照らし、念仏のひとを光のなかに摂《おさ》めとって捨てない」と観想するのである。そしてさらに「わたしもまた、そのなかに摂めとられている。煩悩に眼をふさがれて見ることができないけれども、仏の広大な慈悲は、あくことなく、つねにわたしを照らしておられる（我も亦、彼《か》の摂取の中に在り。煩悩に眼を障《さ》へられて見ること能はずと雖も、大悲は倦《あ》くこと無く、常に我が身を照らしたまふ）」（この文は後に親鸞によって注目された。かれはこれをもとにして『正信偈《しようしんげ》』のなかで源信を讃えて、源信は「極重悪人唯称仏、我亦在彼摂取中、煩悩鄣眼雖不見、大悲無倦常照我」といった、とのべている。傍点の部分は先の引用文と一致するところである。また「極重悪人唯称仏」は『往生要集』第八章「念仏の証拠」のところで掲げられた『観経』の取意から、取ったものであろう）と、仏の光の広大な慈悲に想いをはせて、間違いなく救いとられて行くことを信じ、また浄土に救いとられて、蓮の台の中に坐っている自分の姿や、その蓮が開いて、親しく仏の尊いお顔を仰ぎ、白毫の相をまのあたりにすることを観想するのである。

　すでにこのように見てきて、ここで注目されることは、仏の光のなかに「摂めとられている」自己、浄土に救いとられている自己を観想する、ということである。裏返していえば、その観想が救いの確信に繋がっていることである。いわば、そう観想することによって、仏の救いが間違いない、と信じられるようになることを、この観想は要請しているようである。煩悩にまみれて正しくものを見ることが閉《とざ》されているものにとっては、救われているみずからの姿を観想するということは、救いを信ずることに深く想いをひそめるということと変ったものではないからである。それはただ観想という表現が使われただけで、すでに揺るがない救いの確信と置き換えることができるだろう。観想も実はみずからの救いを信ずるということに収まるといえる。そしてこれは「煩悩に眼をふさがれた」愚かなひとに開かれるただ一つの道でもある、と考えられる。智慧浅く無力な愚かものは、これを頼りとして仏の救いにあずかるほかはないのである。だから源信も、この白毫の観想を結んで次のように記したのであろう。

　もし、相好を観想することに耐えられないひとがあれば、あるいは真心をもって仏の仰せにまかせよう（帰命《きみょう》）と想うことにより、あるいは仏がみずから浄土に連れていって（引摂《いんじょう》）くださると想うことにより、あるいは浄土に生まれる（往生）と想うことによって、一心に仏のみ名を称え、心に念ずるとよい。

源信は、こう想い信じて、一心に仏の名を称え念ずることも、観想と同じ結果をもたらすのだとして、愚かなひとのために、新たな道のあることを示したのである。そしてこれが軽々しく看過できない重要な意味を持つものであることは、すでに贅言を要しないだろう。

源信はこの想いを「つねに間断することなく抱きつづけて、寝ても醒めても忘れてはならない（念念に相続して寤寐《ごび》に忘るること莫《なか》れ）」と教えている。

特定のときを限って行なう念仏

以上によって、念仏といっても、その幅は広く、意味内容も多岐にわたるものがあることを知った。そこで次に、このような念仏を、その行なう時節との関係においてながめるときは、「平生ある特定のときをかぎって行なう念仏（尋常の別行）」と「臨終のときの念仏の作法（臨終の行儀）」との二つに分け、この観点からながめてみることができる（これは『往生要集』第六章「特定のときの念仏（別時念仏）」に扱われている）。したがってその限りでは平生、時や所に関係なく、行住坐臥《ぎょうじゅうざが》に行なわれる念仏については、問われない。

さて、ある特定のときをかぎって念仏を行なうのは心をこめて念仏に専念する（これを普通、念仏三昧という）ためで、その期するところは仏をまのあたり見ることにあったようである。『般舟三昧経《はんじゅざんまいぎょう》』には、一日ないし七日の不断の念仏によって、ちょうど夢のなかで見るように、まさしくここに坐ったままで見る、と伝えているが、そうした、いわゆる見仏がもっとも期待されたらしい。それはいわば、生きているこの身のままで浄土にあって仏にまみえる喜びを抱くことができる、という期待である。そしてそれは、このことによって浄土に生まれる確証としたい、という願いとも連なっていたのであろう。この傾向は源信にはあまり顕著に窺われないが、平安後期には、生前にこうした確証をえたい、という願いがきわめて強く高く打ち出されてくるようになる。源信は「目の覚めているとき、仏をまのあたりにすることができないならば、夢のなかで仏を見る」としたが、こうした夢のなかでの見仏が後には確証として喜ばれるようになった。『更級日記』の著者が、その晩年において「さすがに命は憂きにも絶えず、ながらふめれど、後の世も思ふにかなはずぞあらむかしとぞ、うしろめたきに、頼むこと一つぞありける。天喜《てんき》三年十月十三日の夜の夢に、ゐたる処の屋《や》のつまの庭に、阿弥陀仏《あみだほとけ》立ちたまへり」と記して、この夢を「後の頼《たのみ》」とした、といっているのはその一例である。

とにかく、この経にも示すように、一日ないし七日を限って念仏することは、すでに古くから取られて来た形式ということができる。『阿弥陀経』にも「仏のみ名をかたくたもって、あるいは一日、あるいは二日、……あるいは七日の間、一心不乱に思うときは、そのひとの臨終には、阿弥陀仏が多くのおともの方と一緒に、そのひとの前に姿をあらわされる（名号《みやうがう》を執持《しふじ》するに、若《も》しは一日、若しは二日、……若しは七日、一心不乱なれば、その人の命終はる時に臨んで、阿弥陀仏は諸《もろもろ》の聖衆《しやうじゆ》と与《とも》に其の前に現在したまふ）」とあるし、『大集経』「賢護分」やその他にも、七日の修行を説いているのである。だから、こうした指示に従って念仏三昧に努めることが望まれるが、具体的にはどうするのか、その作法について、これを整理したのは道綽《どうしやく》の『安楽集』である。したがって源信はこれを掲げて説明にかえたのであるが、かなり長文にわたるから、意を取っていうと、こう説かれている。

まず、これから念仏を続けようとする道場を整頓し、阿弥陀仏の像を安置して香湯で清める。そのとき仏像は西の壁に置く。お堂がなければ、清浄な部屋でもよい。念仏のひとは家業の軽重をはかって、適当な時を選び、一日ないし七日のあいだ、衣服は清浄なものを使用し、食事は簡単に午前に一度だけとるよう制限し、飲みものや果物も度を越さないようにする。こうして昼も夜も心を整え、ただ阿弥陀仏だけを念じ、口にそのみ名を称え、睡眠もとらないで、定めた期間の間、それをつづける。またその間、時によっては、仏を礼拝することも、経文を誦《とな》えることもやめ、ただひたすら合掌、念仏して、仏を見る想いをおこすのもよいが、正しくは、もし立てば立ったまま、坐れば坐ったまま、一万、二万と念仏を続け、昼夜に三回、ないし六回（六時といって一昼夜を六つに分け、晨朝《じんちょう》・日中・日没・初夜・中夜・後夜《ごや》とする）、生まれてこのかた、身体と口と心においてつくったさまざまな罪を包まず懺悔《さんげ》し、懺悔が終われば、またきめられたとおり念仏を行なうのである。しかしこうして仏をまのあたり見ることができても、それをひとに語ってはならない。

これが一日ないし七日にわたって、一定の場所をきめて行なう念仏の仕方である。このうち七日間に及ぶ念仏から百万遍という数が割りだされて来たのは、すでに中国にはじまるが、日本でもこれによって不断念仏ということが行なわれるようになっている。

この風は割合にさかんに行なわれたようで、例えば延暦寺座主《えんりゃくじざす》延昌《えんしょう》（八八〇—九六四年）は常に、三七、二十一日の不断念仏を行なって、その結願《けちがん》の日に死にたい、といっていたというし、大僧都寛仲《かんちゅう》の姉は、二日後には極楽に行くことだろうといって、その間不断念仏をしたといい、僧を請じて三日の不断念仏を行なった、といわれる（『日本往生極楽記』）。『源氏物語』の「薄雲」にも、源氏の君が明石を訪れることを叙して、「いとほしくて、例の、不断の御念仏に事託《ことづ》けて渡り給へり」というように、不断念仏はいつものことであるし、『栄花物語』「もとのしづく」には、道長の法成寺西北院の供養を叙し、「その事果てゝ、やがて三日三夜、不断の御念仏、山の御念仏の様《さま》をうつし行はせ給ふ」と、不断念仏が行なわれたことを伝えている。西北院の不断念仏については当時の日記、藤原実資《さねすけ》の『小右記《しょうゆうき》』も記録している。

また百万遍念仏については、三善為康は康和元年（一〇九九）、四天王寺に参じて正しく念仏を行ない、九日かかって百万遍を満たした、といい（『本朝新修往生伝』）、後の禅林寺永観《ようかん》（一〇三三―一一一一年）は百万遍を三百回も行なった、という（『拾遺往生伝』巻下）し、延暦寺の教真《きょうしん》は毎月二回、かならず百万遍念仏をつとめた、といわれる（『三外往生伝』）。

常行三昧

しかし一日ないし七日間の念仏だけが特定の日を限った念仏なのではない。『鼓音声経《くおんじょうきょう》』や『平等覚経《びょうどうがくきょう》』には十日の念仏修行を語っているし、とくに天台宗としては中国の開祖智顗《ちぎ》の書いた『摩訶止観《まかしかん》』第二巻には、九十日に及ぶ、いわゆる常行三昧《じょうぎょうざんまい》が説かれている。この念仏三昧は人によっては全く叡山では忘れさられたもののようにいわれているけれども、そうは考えられない。これこそは比叡山の念仏作法として正統的な代表的念仏法なのである。したがって源信としても、この念仏をなおざりにすることはできない。そこに源信がこれを説明するに当たって、『摩訶止観』の「常行三昧」の部分を全文にわたって引いた意味も、納得されるのである。しかしここでもその詳細にわたることは煩わしいから、意を汲んで説明すると、こうである。

まず常行三昧の思想基盤は『般舟三昧経』である。だから、先にのべた一日ないし七日間の念仏と性格的に変ったものではない。なぜなら、この経の標題をなす「般舟」とはサンスクリット語、プラティウトパンナ (pratyutpanna) の音写を省略したもので、「仏立《ぶつりゅう》」「諸仏現前」などと訳するように、この観想によってげんにまのあたり一切の仏が眼前にあらわれることを意味しているからである。すなわちこの観想も見仏を目的としている。ただこの観想には、仏の誓いの力と、仏自身の観想の力と、念仏のひとの備える功徳の力とが、一丸となってはたらくから、十方の現在の仏を、あたかも清夜に星が見えるように、鮮かに見ることができる点、他の三昧とことなっている。だからことさらこれを仏立三昧というのである。

さて常行三昧を行なうには、身体と口と心に関して注意しなければならないことがあるから、これについて言うと、始めに身に行なうこととしては、常に歩く (常行) ことが求められている。しかしこれを行なうときは、悪友や痴人《ちじん》、親属や郷里を避けて、つねに孤独を愛《あい》し、食事はこれを托鉢《たくはつ》して得て、個人的な招待を受けてはならない。道場を厳かに飾り、供物《もつ》をそなえ、沐浴《もくよく》して身を常に清め、道場の出入りには衣服を改め、ただ仏の周りをめぐりあるいて、九十日を一期間とする。その間、師となり弟子となって、ともにこの三昧を行なうひとは、弟子は師に対して下僕のごとく仕え、師は母の子に対するように、ともに嶮しい所を助け合って行くひとのようでなくてはならない。またこの間、骨身はどんなに痩せ朽ちはてようとも、この三昧が学べなければ、ついに休息しない、と誓って、堅い信心をおこして努力すれば、得られる智慧は他の追従を許さないものになろう。こうして三月を終えるまで、俗事を思うことなく、道場にこもって、仏の周りをめぐり歩いて、食事と大小便のために出入りするほかは、休息しないのであるが、しかし口においても阿弥陀仏のみ名を唱え、心にも阿弥陀仏を念じて、休息しないのがこの三昧の行儀である。唱えることと念ずることがどう前後してもよいが、あいついで行なって休止しないようにする。「要をとっていえば、一歩一歩、歩いているときも、一声一声、唱えているときも、一回一回、念じているときも、ただ対象は阿弥陀仏にある（要を挙げて之を言はば、歩々声々念々、唯阿弥陀仏に在り）」のである。

ところで、ここで念ずるといっているのは、心の動揺を静めて（止）、正しく対象を観想する（観）ことであるが、その観想の仕方はかならずしも一様ではない。たとえば、極楽の様子を心に想い描いて、そのうえで仏の三十二相を、逆に足裏の千輻輪相から観想したり、順に肉髻《にくけい》から観想したりする、一般的な観想もあるが、そうではなくて、いったい仏とは、わたしとはなにか、わたしが仏にどうしてなることができるのか、などといった根本的な問題をめぐって観想するのも、この場合の念仏の仕方である。『摩訶止観』の言葉によって語らせるなら、こうした観想の第一の方法として、こういっている。

いったい、わたしは心によって仏を得ることができるだろうか、身体によって仏を得ることができるだろうか。仏はわたしの心によって得ることはできないし、わたしは身体によっても得ることはできない。またわたしの心によって仏の身体は得られないし、わたしの身体によって仏の心は得られない。なぜなら、心といっても、仏に心はなく、身体といっても、仏に身体はないからであって、だから、身体や心によって仏のさとりを得ることはできないのである。仏にはすでに身体はないし、心のはたらき（識）もすでにないが、仏についてないと説かれることを愚かなひとは理解しない。智慧のあるひとはこれをはっきりとさとる。身体や口によって仏は得られないし、智慧によっても仏は得られない。なぜなら、智慧は求めても得ることはできないし、みずから自己の本体（我）を求めても、ついに得ることができないからである。また見られるものもない。このようにすべてのものは本来、あるのではないが、しかしその本来のすがたさえも否定され、その否定さえ否定される（一切の法は、本より有る所無し、本を壊し、本を絶す）。

第二の方法は、夢に宝を見、夢に女と契《ちぎ》り、夢に美食をしても、すべて空しいように、そのように仏を観想するのである。そしてこのように念じて浄土に生まれなければならないが、それができるのは、ちょうど鏡の中の影像は外から来るのでも、中から生ずるのでもなく、鏡が明るいから、おのずとものの形が見えるのであって、このように念仏にはげむひとの身体が清浄だから、触れるものすべてが清浄となり、仏を見ようとすればすぐ見えるから、仏をたずね、教えを聞いて喜びにつつまれるのである。また第三の方法としてはこのように念ずるように、といっている。仏はどこからこられるのでもないし、わたしがでかけて行くのでもなく、わたしが念ずることによって、直ちに仏を見るのだ、ということである。すなわち「心が仏となり、そうした心自身が心を見、仏の心を見るのであり、この仏の心がとりもなおさず、わたしの心に仏を見るのである。だから心自身は心を知らないし、心自身は心を見ない。心に想うことがあれば、それは迷いのはたらきで、心に想うことがなければ、これこそはさとりである（心、仏と作《な》り、心自《みづか》ら心を見、仏の心を見る。是《こ》の仏の心は是れ我が心に仏を見るなり。心は自ら心を知らず、心は自ら心を見ず。心に想《おもひ》有るを痴と為し、心に想無きは是れ泥洹《ないをん》なり）」とこのように観想するのである。

　以上が観想における三つの方法であるが、すでに明らかなように、これらは一切の執着を去って虚心に仏にまみえることを教えたものに外ならない。仏の三身の観想がなされる場合でも、そこにもはや生身の仏も法身の仏もない、と見るのと同様である。よく「一切の寂《しつ》かなること　大空に似たりとぞ知る」（『大毘婆沙論《だいびばしゃろん》』）ことが、仏を心に念ずることの目標である。

ところで、この三昧の功徳は大きい。それは、この三昧が「仏たちの母であり、仏の眼であり、仏の父であり、一切のものに解放された慈悲の母であって、すべての仏はこの二つから生まれる」からである。だから、世界を焼き尽くす大火も、役人も賊も、悪獣も病も、この三昧のひとを侵すことはできない。天、竜を始めとした諸天善神や仏たちがこのひとを護り、称讃しているからである。だから大海のような智慧をえ、超人的な力をはたらかせないで、一切の仏をまのあたり見、教えを受けて修行したい、と願うひとは、この三昧を行なわなければならない。この三昧はそれを可能にする第一のものなのである。

以上が常行三昧についての概観であるが、この三昧が特定のときをかぎって行なうものとしてとくに重視されたことは、すでに源信がこれにさいたスペースからも理解できる。しかしそれとともに注意されることは、天禄元年（九七〇）、源信の師良源が座主であったとき公にされた『二十六箇条』に、「また十二年間、山（比叡山）に籠《こも》って四種三昧を習い修めるよう、式（最澄が定めた「四条式」のこと）にあるけれども、当今習うところは、ただ常行三昧だけである」といっていることである。四種三昧とは常坐・常行・半行半坐・非行非坐の四で、このうち半行半坐は法華三昧として重視されたものだけれども、当時は常行三昧の比ではなかったことが知られる。もっとも、不断念仏と法華懺法《せんぼう》はこれとは別に行なわれた。朝には法華懺法、夕には阿弥陀仏の例時作法《れいじさほう》となって行なわれたのがそれである。これを「朝題目、夕念仏」「朝懺法、夕例時」などというが、今様に「山寺《やまでら》行なふ聖《ひじり》こそ、あはれに尊きものはあれ、行道引声《ぎやうだういんぜい》阿弥陀経、暁懺法釈迦牟尼仏《あかつきせんぼうせいきやうぼうぢふ》」とうたわれたものはこれを語っている。「行道」は常行三昧において仏像の周りを歩くことをさし、「引声阿弥陀経」は『阿弥陀経』を曲調に乗せてゆるやかにとなえることをいう。念仏のときは「引声念仏」という。

臨終の念仏

平生の念仏において、仏を見ることによって浄土に生まれることが確約された、と確信できるひとはまれである。しかもこの平生の念仏に動揺が起こらないと、だれが保証できるものでもない。とくに死が眼前に迫ったとき、死の不安や恐怖は心を動転させ、迷乱させるかも知れない。日頃、仏を静かに観想し、称名《しょうみょう》に励んでいたのに、一声の念仏さえ口をついて出てこないかも知れないのである。しかも「ただ大切な一事は最後の一声の念仏である（但《ただ》一事を以て、最後の一念と為す）」と考えられる以上、臨終はまさに浄土に生まれることがきまる決定的な瞬間といえるから、このときを疎かにしては、一切は無駄になってしまわないとも限らない。ここに臨終における念仏が大きく浮び上ってくることになる。

すでに『往生要集』の成立にはこうした臨終の問題が大きな比重を占めていただけに、源信はとくに心をこめて、臨終の行儀について説いている。とくに死に臨んだ念仏の友にたいして、どのように言葉をかけて念仏を勧めたらいいか、といったごく卑近な、しかももっとも大切な問題について、源信は「しばらくわたし自身のために勧めの言葉をきめて置こう」と述べて、これを十の段階に分けて記すのである。そこには念仏を等しくした「同行」に対する温かな心遣いや親切な励ましが漲《みなぎ》っているのを感じ取ることができる。「病人の気色をよくみて、その場に適した仕方でやり」、「そのときの言葉遣いにはとくに意を用いる必要があり、病人の心をかき乱してはならない」といっていることや、「煩悩が邪魔をしてなかを隔て、まのあたり仏を見たてまつることができなくても、広大な慈悲の誓いを疑ってはいけません。かならず、この部屋に来ておいでになっています」といった言葉は、このことを端的に語っている。

しかしそうした勧めの言葉のうち、いまとくに注目されることの一つは、阿弥陀仏以外は心にとめない、と誓うようにいっていることである。

「仏の相好以外にほかの色を見てはいけない。仏のお声以外にほかの声を聞いてはいけない。仏のみ教え以外にほかの事を説いてはいけない。浄土に生まれる以外にほかのことを思ってはいけない。このようにして、ないし、生命が終わったあと、宝玉づくりの蓮の台に坐り、……海のように集まった大勢のお伴《とも》の菩薩たちに額《ぬか》ずき、普賢の誓いをさとってそれを行なうとよい」とこのように誓いなさい。

この表現は、『栄花物語』の著者によって「つるのはやし」に参照され、道長の臨終を叙した、「仏の相好《さうがう》にあらずより外の色を見むとおぼしめさず、仏法の声にあらずより外の余の声を聞かんとおぼしめさず。後生の事より外の事をおぼしめさず。御目には弥陀如来の相好を見奉らせ給《たまひ》、……御手には弥陀如来の御手の糸をひかへさせ給て、北枕に西向に臥《ふ》させ給へり」となってあらわされているが、手に仏の手より垂れる五色の糸をひき、西を向いて横になることも源信の指示するところである。源信の作といわれる「山越来迎図」のなかに、仏の両手に糸が結べるようになっているものがあるし、源信自身臨終には「仏手の縷《いと》を執《と》っ」て、「北首右脇」でなくなっていった、という（『続本朝往生伝』）。五色の糸をとる風は、仏の来迎《らいこう》を象徴したものであるが、この来迎を法会《ほうえ》化したものが後の迎接会《ごうしょうえ》で、これも源信に始まる、という。『古事談』に「迎講者《むかへかうは》。恵《ゑ》心僧都始給事《しんそうづのはじめたまふこと》也。三寸小仏を脇足《けふそく》の上に立て、脇足の足に付レ緒《いとをつけ》て引寄《ひきよせ》々々して啼泣給けり。寛印供奉《くわんいんぐぶ》それを見て智発して、丹後迎講をば始行云云《うんぬん》」（「僧行」）と伝えている。また今様には、

　南無阿弥陀仏《ほとけ》の御手《みて》に懸くる糸の、終《をはり》乱れぬ心ともがな

と詠まれている。

とにかく源信は、臨終にあっては身心のすべてをあげて仏に向け、仏の来迎を信じて、最後の念仏が唱えられるように準備することを、ここで教えているのである。そうしてそのうえでこまごまと注意の言葉を与えて、最後に「どうか、かならずお救いください。南無阿弥陀仏」と唱えるように教えるのであるが、ここで唱える最後の念仏が十遍の念仏（十念）であることについて、源信は道綽《どうしゃく》の『安楽集』を引いて、次のように語らせている。

念仏を十遍（十念）続けることはむつかしくないようにみえるが、ところが愚かなひとたちは、心は陽炎《かげろう》のように動揺し、そのはたらきは猿よりも激しく対象に向かって駈けまわり、少しも停止することがない。だから、それぞれ信心をおこして、前もってみずから念仏に努め、繰り返し積み重ねて習慣とし、善の心を鞏固《きょうこ》にさせるといい。……もし息を引きとる最後の瞬間がやってくると、さまざまな苦しみが一度にどっと起こるだろうが、そのときもし、前々から念仏の習慣がなければ、念仏しようという気持ちをおこすことがどうしてできよう。それぞれ志を同じくしたひと、三人、五人と集まって、前もって約束して、臨終にはたがいに教え励ましあって、阿弥陀のみ名を称え、極楽に生まれようと願い、声に声をついで十遍の念仏をとげさせてもらいたい。

十遍の念仏

ところで「十遍の念仏」、すなわち「十念」は本来『無量寿経』や『観経』に説くところに基づいているから、これをめぐっていろいろ解釈がある。道綽自身もこれについて二、三の説を紹介しているが、それによると、まず阿弥陀仏の観想を十遍繰り返すのが十遍の念仏であるというごく一般的な理解のほかに、曇鸞《どんらん》の説をとりあげて、十という数は念仏を一つ二つと数えたものではなく、ある種の完成を表わすから、それは、「浄土に生まれる因の完成（業事成弁）」にほかならない、とする。しかし道綽はこのほかに、初心のひとの念仏として、念仏を十遍唱えることを許している。おそらく、道綽としては唱えることに重点を置いたものであろう。かれは数珠《じゅず》の珠《たま》をくって念仏の数を数える方法や、小豆《あずき》を念仏一遍ごとに一粒ずつ器にいれかえて念仏の数を数える小豆念仏といった仕方で念仏を唱えた、といわれるから、唱える念仏をとおして観想に向かったものと思われる。そしてこれを受けたのであろうか、源信も、「一心に十遍、南無阿弥陀仏と称えつつ念ずることを十遍の念仏という（一心に十遍、南無阿弥陀仏と称念する、之を十念と謂ふ）」と解したのである。したがってこのかぎりにおいては臨終にはかならず十遍、念仏を唱えることが浄土に生まれるための決定的条件と見なされたことになる。

しかし『無量寿経』には仏の願の完成を語って、「ないし、一遍でも念仏すれば、浄土に生まれることができる」といっている。これをどう見るか。これについて源信のいうところはきわめて簡単で、懐感《えかん》の説をとって、「極悪のひと（極悪業者）」も十遍の念仏を満たせば、生まれるが、そのほかはたとい一遍でも生まれる（『釈浄土群疑論』第五巻）というだけで、かれの関心はむしろ、どうしてわずか十声の念仏で罪の一切が消えるのか、という問題の方にある。

しかしこの懐感の説を採用したことと、十声の念仏に考察の重点を求めたこととは、興味ある問題を含んでいる。というのは、このかぎりでは少なくとも十遍という数の制限が「極悪のひと」に対する絶対条件として課されていると同時に、源信としては「極悪のひと」はなにも数少ない特別なひとではなくて、かれ自身を含めた世間一般のひとと考えられたことを語るからである。かれが一遍の念仏を重く見なかったのは、それが「極悪のひと」以外のひとに相応したものとされたからで、そのかぎりにおいて不特定少数の選ばれたひとのものでしかないからである。ここには念仏をどこまでも「極悪のひと」に相応したものと見る姿勢がたもたれていて、そうしたひとを目当てとして念仏の救いを考えようとした源信の基本的な態度がうかがえるのである。しかし同時にこれが、源信の到達した限界であることも知らなくてはならない。

それは、一遍の念仏を極悪者の救いと見ることができなかった、ということである。懐感の説をとる限り、それは越えることのできない一線であった。懐感は善導が到達した念仏の救いをもう一度後退させたひとと見られるが、それがゆくりなくも源信の考えにブレーキをかける形になったのであろうか。しかしまた時代の思索もまだそこまでは進んでいなかったことを考えあわせなければならない。

五つの逆罪

これと同じことは、阿弥陀仏の第十八願にとく、「ただ、五つの逆罪（五逆）を犯したものと、仏の教え（正法）を誹謗《ひぼう》したものとだけは除く」という言葉に対する解釈についてもいえる。

ここにいう「五つの逆罪」とは、いわゆる㈠父を殺す、㈡母を殺す、㈢すぐれた聖者（阿《あ》羅《ら》漢《かん》）を殺す、㈣仏の身体を傷つける、㈤教団の和合を破る、といった大罪であるが、『観経』には臨終の十遍の念仏によって浄土に生まれることができる、と説いている。ここに両経の説くところに不同が見られるため、これをどう解釈するかという問題をめぐって、さまざまな説がなされたが、その説を紹介するに当たって源信が依りどころとしたものは、やはり懐感の説である。

かれは、懐感が掲げた十五種の説から一、二を取って紹介したあと、懐感の説を示して、懐感は、「もし逆罪を犯さないひとなら、念仏の遍数の多少と関係なく、一声でも十声でも、ともに浄土に生まれる。もし逆罪を犯したひとは、かならず十遍という数を満たす必要がある。一遍でも欠けたときは生まれない。そこで「経」には「除く」といったのである」といっているといい、これを補足して、次のようにいうのである。

普通一般のひとが念仏を十遍するときは、かならず浄土に生まれることができるが、逆罪を犯した場合は、一遍の念仏ではけっして生まれることができない。ところで、逆罪を犯したひとが念仏を十遍する場合と、普通一般のひとが念仏を一遍しかしない場合とは、いずれも浄土に生まれるかどうか定まっていない。だから、阿弥陀仏の誓いでは、ただ普通一般のひとが十遍の念仏をする場合だけをあげ、ほかの個所では、逆罪のひとの十遍の念仏と、一般のひとの一遍の念仏とを一緒にとりあげているのである。

ここでは懐感の説を補足して、「逆罪を犯したひとが念仏を十遍する場合」について、そのひとは「浄土に生まれるかどうか定まっていない」といっているが、これは懐感に足をすえて、これを補足しようとした源信の姿勢が、このような不透明な叙述を導き出したもののようである。

　さきには懐感の説を修正することなく採用し、いまはそれを補足して、このような考えを述べたものであるが、「極悪のひと」と「逆罪を犯したひと」と、どう区別があるのか、源信の考えはわからないが、差を考えて、あるいは後者については補足したものかも知れない。いずれにしても懐感の説をとったことが、逆罪のひとは十遍の念仏では生まれるかどうかきまっていない、という発言になったのである。

　ここで注目されるのは、逆罪についての善導の解釈である。かれもまた二つの経の差異についてのべているからである。

　かれは、第十八願のなかで「除く」といっているのは「抑止《おくし》」のためで、実際にこういうひとは救わないという意味ではない、という。逆罪を犯すことと、仏の教えを誹謗することとは、「その障《さわ》りが極めて重い。もし犯したときは直ちに阿鼻地獄に堕ちて、数えられないほど長い間、どうどうめぐりを繰り返すばかりで、出ることができない。そこで仏（如来）はこの二つの過ちを犯すことを恐れて、てだて（方便）を講じてこれを制止して、生まれることができない、といわれたのであって、救わないというのではない（如来、其《そ》れ斯《こ》の二過を造らんことを恐れて、方便して止めて、往生するを得ずと言へり。亦是れ摂せざるにはあらざるなり）」と解したのである。親が子の過ちをとがめて、たとい家に入れない、といっても、その言葉どおりにはしないように、仏は慈悲の心からこれを制止しただけで、犯してもやっぱり救うことにかわりはない。「もし犯すとしても、また救いとって生まれることができるようにさせる」のである（『観経四帖疏』「散善義」）。

いま二つの経の違いについて善導の説を詳しくは見なかったが、とにかく懐感よりももっとすぐれた解釈が善導によってなされているのに、それを取らなかったことは重要な意味をもっている、と見なければならない。その理由がどこにあるのか、にわかには判然しないが、かれはむしろ、この「抑止」を説いた善導の『観経疏』についてある程度の知識はあっても、全貌にふれる機会をもたなかったのではないか、と考えたい。一方では、僅か一声・十声の念仏でも、十万億年の間、頭にかかる火を払うように弛《ゆる》まず努めて消すことができなかった罪（これは『仏蔵経』第三巻に説く、邪まな考えにとらわれた四人の僧をさす）を消して浄土に生まれることができる、としながら、他方では、逆罪のひとは生まれるかどうかわからない、といっている、こうした差異は、源信のどこかに、罪を犯さないで仏にまみえてほしい、といった願いがこめられていたからであろう。

念仏の助けとなる方法

仏の救いを信じて一心に仏のみ名を称えることが、愚かなひとに開かれた新たな道ではあるが、念仏のひとは、出来ることなら、観想に努めることが望ましい。力つたなく愚かであっても、始めからみずからの能力をあきらめ、捨ててかからないで、どうしたら観想によって仏の救いに与れるか、思いをひそめ、力をつくさなくてはならない。仏の光はそのなかに念仏のひとを「摂《おさ》め取って捨てない」けれども、摂め取られていることに気付けば、その恩を思い、慈悲にこたえる心のおこってくるのが当然ではないか。だから、念仏のひとは「あらゆる方法を講じて観想しやすいようにして、浄土に生まれる大事をなしとげる」必要がある。ただ「あらゆる方法」といっても、おのずから限度があり、またとくに心を配って注意しなければならないことは、自然幾つかに限られてくるにちがいない。そこで、その範囲で考えてみると、これを幾つかに整理することができる（源信はこれを「第五章　念仏の助けとなる方法（助念の方法）」で扱い、七つの角度から概略、方法を示している）。

まず、念仏が行なえるように、静かな場所を選んで、華や香などを仏に供え、また道具なども調えておく必要がある。ただ灯明《とうみょう》は、静かに浄土を観想する場合、ときとして邪魔になることがあるから、灯明はつけないで、部屋を暗くして置くのも一法である。また数珠を使用することは当然必要であるが、源信がこれについて、「浄土に生まれたいと願うときは木《もく》槵子《がんし》の数珠を使用し、多くの功徳をえたいと望むときは、菩提樹の実か、あるいは水晶・蓮の実などの数珠を使用する」ようにと指示していることは、拘泥《こうでい》しすぎるきらいはあるにしても、注目される。これは『念珠功徳経《ねんじゅくどくきょう》』の説くところに従ったもので、そこには数珠の福徳について、硨磲《しゃこ》でつくったものは一倍、木槵子は二倍、鉄は三倍、精錬した銅は四倍、以下、水晶・真珠は百倍、ダイヤモンドは億倍、蓮の実は千億倍、菩提樹の実ははかり知れない、という。露骨な功徳観念が見える経典であるが、源信においては経典批判の態度は稀薄であるから、素直にこれを受け取ったものであろう。ただこの考えが、一歩踏みあやまると、功徳を多く積み重ねることだけに汲々とする、もっとも慎まなければならないはずの欲望だけが独走するおそれが生ずる。思想的には整理されてよい、夾雑性《きょうざつ》がここには認められる。しかしこれはやむをえないことかもしれない。

三心・四修

さて静かな所を念仏の場所と定めて、華や香などを調えて念仏に励むことになるが、調えられなくても念仏の障碍にはならない。要は心を励まして念仏の修行に努めることが大切である。いってみれば、形が大切なのではなく、心の持ちようが問題なのである。

ところでこうした心の問題を四つに整理して、修行の型としたものがある。古くから行なわれた型であって、「四修《ししゅ》」と呼ばれているが、その内容を念仏のうえに移していえば、一つには、長時間にわたって心を励まして念仏を行なうもの（長時修）で、「命の終わるときを最後のときと定めて、けっして中途でやめない、と誓う」（善導『往生礼讃』）ことである。二つは、尊敬の念を抱いて真心から念仏を行なうもの（慇重修《おんじゅうしゅ》）で、阿弥陀仏をはじめとするすべてに尊重の念をおこし、西方浄土に向かって背を向けたり、唾《つば》をはいたり洟《はな》をかんだり、大小便をしたりしない、といった心遣いをもって、ひたすら西に思いを掛けるのである。樹はその先が傾いている方向にたおれるが、ちょうどそのように、心が西に向いていれば、浄土に生まれることも間違いない。第三は、断えず念仏を行なうもの（無間修《むけんしゅ》）で、たとえば昼夜を六分したそれぞれの時に、あるいは朝・昼・夕方、かならずきまった方法に従って、つとめて念仏を習い修めるようにする。そのほかの場合は、かならずしも威儀を正したり、方法をとやかく問わないで、ただいつも念仏するように努めるのである。善導の言葉をかりていえば、「たえず念仏を続けて、ほかのことで中断させない。また貪りや怒りなどで中断しない」(同上)といっているが、この心掛けで念仏することが望まれる。そして第四は、ほかのことはせず、念仏だけを行なうもの(無余修)である。念仏に心を寄せたものが、念仏以外のことに努めて浄土に生まれようと考えるのは筋が通らない。ただ「ひたすら仏のみ名を称え、かの仏と一切の菩薩たちとを念じ、ひたすら想い、ひたすら礼拝し、ひたすら讃えて、念仏以外の行為(余業)をまじえない」(同上)ことである。もっとも、念仏以外の行為といっても、生きている以上は、それなしに、念仏だけを行なっていくことは不可能である。とくに在家のひとには世事の務めがあって、それを捨てることはできない。したがってこの場合は、浄土に思いをかけて、真心を失わないで、念仏にはげむよう心掛けることである。

以上の四つが念仏修行のすがたである。しかしいずれをとっても、つまるところは心の在り方がその基盤にある。それらを可能にするのは心の支えであって、いわば仏を信ずる心がそれである。深く信じて疑わない心があってはじめて、こうした念仏の修行も行なえるわけである。仏教では「信をもって能入とする」とか「初門とする」といい、信ずる心が道を修めることの始めであって、ここから一切が始まるが、ここではもちろん、阿弥陀仏に対する揺るがない信心がもっとも大切なものとして要請される。

しかし一口に信心といっても、それは俗に「鰯《いわし》の頭も信心から」などといわれるものではない。それはまず真実にかなったものでなければならないからである。『観経』の言葉をもっていえば、それは「まことの心（至誠心《しじょうしん》）」と「深く信ずる心（深心《じんしん》）」と「一切の功徳をてだてとして振り向けて浄土に生まれたいと願う心（廻向発願心《えこうほつがんしん》）」の三つを合わせ含んだものでなければならない、ということである。この三つを「三心《さんじん》」と称するが、源信が引用している善導の『往生礼讃』によって説明にかえるならば、そこにはこういっている（ただしこの文は源信の抄録である）。

第一に、まことの心というのは、阿弥陀仏を礼拝し、讃歎し、観想する三つの行為がかならず真実のものでなければならないからである。第二に、深く信ずる心というのは、自分こそは煩悩にまみれた愚かなものであって、かつて正しいことは僅かしかしていないから、三つの迷いの世界（三界）を流れながれて、迷いの生活（火宅）を出られないでいるのだ、と素直に信じ受けとり、またいま阿弥陀仏の広大な誓いによって、仏のみ名を称えて僅かに十声《とこえ》・一声《ひとこえ》のものでさえも、かならず浄土に生まれることができる、と信じ受けとって、はてはただの一度も心に疑わないからである。第三に、功徳のすべてをてだてとして振り向けて浄土に生まれたいと願う心というのは、みずからの行なう一切の正しい行為をことごとく廻《めぐ》らし、さし向けて（廻向）、浄土に生まれたい、と願うからである。この三つの心が備わるとき、かならず浄土に生まれることができるが、もし一つでも欠けると、そのときは生まれることができない（此の三心を具すれば必ず往生することを得、若《も》し一心をも少《か》かば、即ち生まるることを得ず）。

このような三つを同時に含んでいる信心が、いまいう信心である。源信では、この三つがどんな関係にあって信心にかかわるのか、そうしたことは考えられていないから、なんともいえないが、「よく深く信じて、狐疑《こぎ》することがない」という『鼓音声陀羅尼経《くおんじょうだらにきょう》』の文を同じように掲げているところを見ると、あるいは第二の「深く信ずる心（深心）」に重点をすえて三心を統一しようとする気持ちがあったのかもしれない。

しかしこのことと関連していま注目したいのは、浄土に生まれることをあれこれと思いはからう念仏者の心はなにに似ているか、という問いを設けて、その答えの代わりに引用した『安楽集』の文である。そこには、賊に追われた旅人が河を前にして思い悩む姿を捉えて、「そのときは、ただ一心に河を渡る方法を思案するだけで、ほかの思いのはいりこむ隙はない」が、「念仏のひともまたこれと同じで」「たえず念仏だけを続けて、その心の間にほかの思いのはいりこむ隙がない」ことを説いている。ここには念仏一途に努める不動の信心が語られているのであるが、これを別の角度から論じたものが『安楽集』に見られる「三心」である（この三心は曇鸞《どんらん》の『往生論註』から引かれたものである）。すなわち、浄土を願い、念仏を唱えながら、浄土に生まれないもののある理由を示して、一つには、信心が深くなく、あったり、なかったりするから。二つには、信心が純一でなく、きっぱりときまっていないから。三つには、信心が持続しないで、ほかの雑念がまじるから。

であるといい、この「三心」が備わっているのに生まれないならば、それは道理に合わない、と論じている。ところで源信はこの文を、さきに『安楽集』の旅人の比喩をあげた箇所とはまったく別の箇所（第十章、第二「極楽に生まれるひとの階位」）で引いて、『安楽集』の問答どおりに論を進めているが、これは実は裏をかえすと、そのまま信心のあり方を語るものでなければならない。してみると、このような、「きっぱりときまった（決定）」信心こそは不動の信心であり、「一心」であって、したがってまた先の「まことの心」などの「三心」とも相応するはずである。

ただこの信心のとらえ方は源信では、すでに明らかなように、あまり明確ではない。また念仏を称えることのなかに、念仏を信ずるということがすでに含まれている、といった形で捉えられ、さして大きな意味を与えられていないように見えることは、興味あることといえる。すでに問題の捉え方が念仏の修行という点に置かれたために、信心はそのために必要な導体とされながら、その意義を強く評価しなかったのは、やはり時代がそこまで進んでいなかったからであろう。

誓いの功徳を思う

固い信心を抱いて、念仏にはげむことは、念仏者にとっては浄土に生まれるために欠くことのできない必要条件である。しかしこの必要条件がともすれば失われがちになるのも、愚かなひとの心の性《さが》である。したがってこのような念仏者に必要なことは、心を掻きみだす幾つかの条件を取り除くことでなければならない。そしてそのためにはまず「怠惰なこころをおさえること」が必要なのは当然である。なぜなら、「念仏のひとでも、いつも心をふるいおこし、励ましているわけにはいかない。あるときは心は暗くぼんやりとし、あるときは心は挫け退く」からである。だからこんなときは、みずから心を励まして勤める必要が起こる。例えば、悪の報いとして三つの世界（三悪道。地獄・餓鬼・畜生の境界）に堕ちて、そこで受ける苦しみを浄土の喜びと対比して、かの三つの世界にあって、限りない長い間、なんの役にも立たない苦しみの克服に精魂を傾けて来たのだから、わずかな修行によってさとりという大きな利益がえられる、この念仏を怠るような心はおこしてはならない、とこう考えて、みずから励ますのもよく、自分も本当は意志は堅固なのだ、とみずから卑下する心を払い除くのもよい。しかし、もっともよい方法は「仏のすぐれた功徳をたよりとする」ことである。ただこの功徳は限りがない。先の観想においてすでに知られたように、仏の身体にそなわる功徳だけでもはてしなく多い。したがってここでは少しく視点をかえて、まったく別の角度から、この功徳を考えてみることにする。

さて源信がここで要点だけに限るとして数えているものは二十あるが、そのなかからさらに幾つかを選びだして見ると、まず第一に注意されるのは、なんといっても阿弥陀仏のたてた誓いである。源信もこれを第一に掲げて『無量清浄平等覚経《むりょうしょうじょうびょうどうがくきょう》』（『無量寿経』の異訳）によって、浄土に生まれるのは、阿弥陀仏が「大きな誓いの船に乗り、生死の海をわたってわたしたちの住むこの世界にきて、ひとびとを呼び集めて大きな誓いの船に乗せ、西方浄土に送りとどけられる」からだ、と説く。この誓いがなければ、どんなに努めてもさとりをうる身となることができないのだから、この誓いに思いを深めて、いつの日か、この慈愛あふれる誓いの船に乗ることに心を寄せなくてはならない。これは念仏者にとってもっとも大切で、また当然なことだといえる。

しかしもし愚かで、なにかと物事に係《かか》ずらって思いの移るひとは、どうしたらよいか。そのときは、その移る思いのままに、それを仏の誓いに寄せて、仏を思う心を起こすとよい、と源信は教える。たとえば、遊び戯れ、談笑しているときなどは、浄土の池や林で天人や菩薩と一緒に、このように楽しむことができたら、と願い、憂いや苦しみのなかにあるときは、多くのひとたちと一緒に苦しみを離れて極楽のひととなりたい、と願うのである。あるいは食べたり飲んだりするときも、極楽の、あのひとりでに得られる、いいようもない美味な食べものを受けたいものだ、と願えばいい。だから、このように総じて「行住坐臥《ぎょうじゅうざが》いつでも、心にそう場合も、そわない場合も」一切を極楽を想うようすがに移しかえて、喜びをもって仏の誓いのほどに思いをはせるといいのである。

ただこの場合、注意されることは、極楽浄土の荘厳《しょうごん》をこの世に移して、この身のままで極楽にあるかの思いにひたろうとする試みが、ややもすれば起こりかねない、ということである。『栄花物語』「おむがく」「たまのうてな」などを読むと、道長の法成寺《ほうじょうじ》の賛美《ぜいび》を尽くした姿に、それを思うことができる。ここには源信がすべてを浄土を想うようすがとしたらよい、と教えたものとは道を異にした、即物的な欲望が露骨である。持仏《じぶつ》や厨子《ずし》や調度など、なにくれと心を配って吟味することは大切であるけれども、権勢と財宝のかぎりを尽くしてととのえられた道長の法成寺には、いささか度を越したものがあったといえよう。

み名と光

ところで、阿弥陀仏の四十八の誓いは総じて一切のひとを救いとることに極まるが、そうした救いの仏自身の完全性と永遠性を決定づけたものは、四十八のなかの幾つかであって、いまここでまず注目されるのは、仏がみずからの名（名号《みょうごう》）について誓った第十七番目の誓いである。そこには仏自身の名前が、十方世界の一切の仏によって称讃されることが誓われているから、その救いがこの阿弥陀のみ名にこめられ、そのみ名によって仏としての完全性が証明されることになる。ただ源信がここで強調するのは、阿弥陀仏の仏としての完全性・永遠性であって、とくに仏という一般的な呼称を捉えて、その功徳を讃える。しかしそれが阿弥陀仏のそれであることに変りはない。かれは『西方要決《さいほうようけつ》』（法相宗の祖、基《き》のものとされたが、偽撰といわれる）の文を引用してこういわせている。すなわち「『維摩経』に、仏の初め三つの呼び名（三藐三仏陀《さんみゃくさんぶつだ》と如来と仏の三）を、釈尊がもし詳しく説明するとしたら、阿難《あなん》（釈尊の常随の弟子）は永遠の時を経ても、よく理解することができないだろう、といい、『成実論《じょうじつろん》』には、仏の十の呼び名（これを十号《じゅうごう》という）を説明して、前の九つの呼び名はいずれも仏に固有な性質によったもので、これら九つの呼び名の、その意味あいのもつ功徳をすべて含めて、世尊という、としている。初め三つの呼び名を説明するだけでも、永遠の時を経ても説き尽くすことがむつかしいし、阿難の理解力をもってしても、よくすべてを理解し尽くすことはできない。それなのに、さらに六つの呼び名を加えて、そうすることによって仏という呼び名を定められたのである。仏のすぐれた徳はすでにここにあますところなく備わっているから、それを念ずることにはすぐれた功徳がある」というのである。

　こうしたみ名によって仏の救いの完全性が証明されるが、また仏自身の完全性は、四十八の誓いのなかでは、とくにその光の無限性を誓った第十二の誓いと、寿命の永遠性を誓った第十三の誓いによってえられたものである。しかもこの二つの誓いによって諸仏の讃える「阿弥陀」仏という名も成立した。してみると、この三つは仏の完全性を成立する鼎《かなえ》の足のような関係にあるといえようが、ここに成立した名はいわゆる「無量寿」、「無量光」で、誓いのままに、前者は寿命の永遠を、後者は光の無限をその名としたことが明らかである（サンスクリット語では無量光がアミターバ amitābha, 無量寿がアミターユス amitāyus で、ともに無量の意のアミタ amita を冠する。このアミタを音写して阿弥陀としたのであろう）。この二つの名称のうち、前者は『無量寿経』や『観無量寿経』に知られるように、より一般的な呼称として親しまれているが、『無量寿経』にもいうように、その光の他の諸仏の及ばないものであることを讃えて、この無量寿仏をまた「無量光仏・無辺光仏・無碍《むげ》光仏・無対光仏・燄王《えんのう》光仏・清浄光仏・歓喜《かんぎ》光仏・智慧光仏・不断光仏・難思《なんじ》光仏・無称光仏・超日月光仏」とも呼び、光を讃えた十二の別名として、これを十二光仏と名づけている。どんなに光がこの仏にとって大きな意味を持ち、豊かな内容とはたらきに溢れたものであるかをよく語っている。だからこそ、源信も意をとって引用しているように、『無量寿経』には、「もし悪の報いとして堕ちた、苦しみにさいなまれる三つの世界（三塗《さんず》。火塗《かず》・刀塗・血塗の三で、地獄・餓鬼・畜生に当てる）でこの光を見るならば、二度とふたたび苦悩はなくなり、寿命が終わったあとは、みなさとりを与えられる。……もしひとがその光の不思議な功徳を聞いて、日夜讃え、ひとにも説き、まごころをもってこれを続けるならば、心に願うそのとおりに、その国に生まれることができる」と述べているのである。こうした救いのはたらきは『観経』では「一つ一つのみ光は遍《あまね》く十方の世界を照らして、念仏するものを救いとってお捨てにならない（一々の光明、遍く十方の世界を照らして、念仏の衆生を摂取して捨てたまはず）」という表現となって示されるが、この言葉が広く人口に膾炙《かいしゃ》されたことは、『源氏物語』「賢木《さかき》」に、源氏の君が雲林院《うりんいん》に詣でたときのことを記して、「律師のいと尊き声にて、念仏衆生摂取不捨《ねんぶつしゆじやうせふしゆふしや》と打述べて行ひ給へるはいと羨《うらや》ましければ」といっていることからも窺われる。光は阿弥陀仏にとっては、その寿命の永遠性よりも重要な意味を与えられたことが理解される。

したがって源信においては、寿命の永遠性に思いをはせても、それが怠惰なこころをおさえる頼りとして取り上げられてこない。寿命と光はこの仏を象徴するもっとも基本的なものであるのに、光だけが大きく取り上げられるのである。それがどんな意味をもっているか、いま明らかではない。

さてこのほか、怠惰なこころをおさえるよすがとして数えあげられたものは、先にもいったように、ここに止《とど》まらない。たとえば仏の相好の功徳について想うことなどは、そのもっとも大切な、欠けてはならないもののひとつである。だから源信は幾つかの経典を引用して、これを証明しようとし、とくに『六波羅蜜経』によって、相好を対照比較し、随好の功徳が一緒になって一つの相の功徳と等しくなり、一つの相の功徳の百千倍が眉間の白毫相《びゃくごうそう》のそれと等しく、白毫相の百千倍は肉髻相《にくけいそう》のそれと等しいが、肉髻相の千倍も、あの朗々とした梵音声相《ぼんおんじょうそう》の功徳の比ではない、と記している。したがって念仏のひとはこれを思って、このような「功徳の相を見ることができますように、とこのように思うことが望ま」れるわけである。

こうしたわけだから、およそ仏の他にすぐれた特性、仏だけに備わる特徴などは、いずれもこのような怠惰なこころをおさえる対象になる。どんなものにもさまたげられない超人的な能力（神通《じんずう》）があるとか、さとりの智慧がすぐれているとか、慈悲は愛児を思うように一切のひとを包んでいるとか、そうしたことはその主なものである。したがって、源信が第十九番目に数えているように、「総じて仏の徳を観想することについて思いめぐら」せばよいのである。しかしそれでも、力の足らないものはあるから、そのことを考えて、源信はこの怠惰なこころをおさえる方法について、こう結んでいる。

念仏のひとは、以上述べたこれらの事について、多少の差はあっても、それぞれの望みにまかせて心に思いを深めなさい。もし心に思いを深めることができないなら、経典を開き、経文に接して、あるいは経文を選んできめるなり、あるいは声に出して読むなり、あるいは心から恋い慕うなり、あるいは礼拝するなりするとよい。そうすることがすぐにも心を勤め励ます手段として役立ち、遠くいつかは仏をまのあたり拝する機縁を結ぶのであって、およそ立居振舞において、身に行ない、口に言い、心に思うどんなときも、仏の境界《きょうがい》を忘れてはならない（近くは勤心の方便と為し、遠くは見仏の因縁を結び、凡《およ》そ三業四儀に、仏の境界を忘るること勿れ）。

戒めを守る

源信は念仏をさまたげるものとして怠惰な心を取り上げ、この心をおさえることを念仏者の急務とした。しかし考えてみると、念仏の専念をさまたげるものはここに止まらない。障碍になるものはいくらも見当たる。たとえば『観仏三昧海経《かんぶつざんまいかいぎょう》』に、念仏を達成するために必要な条件として五つを数えているが、その一つに戒律をまもって犯さないことを教えているのをみても、裏をかえせば、戒律を犯すことは念仏の障碍だということである（そのほかに、因果の道理を否定する邪まな考えを起こさないこと、おごりたかぶらないこと、怒ったり、そねんだりしないこと、怠惰な心をおさえ、つねに敢然として努力しつづけること、の四を加える)。あるいは『般舟三昧経《はんじゅざんまいきょう》』には、般舟三昧を学ぶに当たって心しなければならないこととして、他人の生活の豊かさを嫉妬しないなど、十を数えているのも同じ趣意であるし、『十住毘婆沙論《じゅうじゅうびばしゃろん》』第九巻にいう百四十余の方法もまた同じものである。そして実は各種の浄土経典が、多少の差はあるにせよ、等しくこれを注意し、いましめているのである。したがってこれを一々注意することはまさに望洋の感を抱かせるが、しかしそれでもそれらのうちで重要なものは幾つか限られていて、これを絞って考えることはできる。そうした意味でいま注目されるのは戒律を守ることである。

これについて源信はまず『大智度論《だいちどろん》』第二十二巻の文を引いて、教えは薬のようなもので、煩悩《ぼんのう》という病気を除き癒すことができるが、それには戒律という「薬の服用に当たって守られる注意」がなければ、じゅうぶんな効果を発揮できないとして、「髪の毛ほども戒律を破ってはならない」(『観仏三昧海経』)という言葉に注目する。いわば戒律を守ることは地ならしのような、すべてにとって根底をなすもので、これが堅く守られるとき「当然の結果として、念仏の専念も助長され、またいつとはなしにほかの修行も行なわれるようになる」そういったものと捉える。だから、戒律を守るということはひじょうに大きな比重を与えられるに至ったのである。

しかしここで注意されることは、源信が戒律という言葉に与えている意味内容である。これは、かれが奉ずる天台宗という教学のうえから見ても明らかなように、「三聚浄戒《さんじゅじょうかい》」(これについては先に触れた。本書一二四ページ参照)という、菩薩のための戒律を指していると見なければならない。戒律には大雑把にいって大乗・小乗の二つがあり、前者は「菩薩《ぼさつ》戒《かい》」、後者は「声聞《しょうもん》(自分だけさとることを目的とする聖者)戒」とも呼ばれているが、日本の天台宗では『梵網経《ぼんもうきょう》』に説くところをとって、天台の菩薩戒とし、これを守ることを立て前としたからである。したがって『梵網経』に説く、十の大切な戒めと四十八の軽い戒め(十重四十八軽戒)が、ここでいう守らなければならない戒律なのである。

ところでその内容は大変きびしいものである。大切な戒めとして数えられている十は、(一)すべて生命あるものを殺さない、という戒めに始まって、(二)盗まない、(三)姦淫《かんいん》しない、(四)嘘を言わない、(五)酒を売らない、(六)在家・出家の菩薩や僧の犯した過ちを吹聴しない、(七)自分をほめ、他をそしることをしない、(八)施しをおしまない、(九)怒って許さないことをしない、(一〇)仏とその教えと教団との三つをそしらない、という戒めに終わるが、たとえば(四)嘘を言わない、という一事を取ってみても、それがどのような状況のもとにおいても適用され、また積極的に正しい考えや言葉をみずからおこすとともに、他にもおこさせることを求めるとすれば、この戒めが単に禁止だけのものではないことが理解される。なまじっかな心構えではこれらの戒めを実践に移すことはとても不可能である。また軽い戒めとされるものにも、酒をのまない、肉を食べない、といった戒めがあって、後者の例でいえば、そこにはこういったことが説かれている。「一切、肉は食べてはならない。肉を食べると、広大な仏の慈悲によって与えられた、仏としての本性（大慈悲の仏性）は、その種を断たれるからである。肉を食べる罪は量り知れない。もし故意に食べたのでなければ、罪はいくらか軽い」と。肉を食べて「仏としての本性」をみずから断ち切ったものに、さとりはない。それは仏の救いに背を向ける、背信行為に外ならないのである。だから、仏の教えを信ずるものは、当然こうした仏の戒めをどんなに困難でもまもらなくてはならないはずである。

しかしそうした要請がなされる半面、守ろうと誓い、努力しつつもまた破ってしまうのは、愚かなひとのすがたである。これを守りとおすことは、困難というよりは不可能といった方が正しい。それはどんな能力のすぐれたひとにもいえることであろう。そこで、経典は、犯したときにはその罪を懺悔《さんげ》するように教え、懺悔によって心に安らぎをうることができることを教えている。そしてまたこれも正しく行なわれなければならない一事なのである。

さてこのように、戒めを守り、罪を犯さないよう努めなければならないが、しかしここに念仏のすぐれた滅罪の力を考えれば、なにも身心をつくして戒めを守ることに努力する必要はないのではないか、という疑問がおこってくる。源信が「念仏の利益」（第七章）として数えているものの第一に「罪を消して善を生ずること（滅罪生善）」があがっているが、そこに示す一例をもっていえば、「ただ白毫のことを聞いただけで、心に驚き疑うことなく、心から歓び、堅く信ずるならば、八十億劫にわたって生死を繰り返さなければならない罪を除くだろう」（『観仏三昧海経』）ということである。してみれば、罪を犯しても、罪は念仏によって自然に消えるのではないか。しかも「仏の観想に専念することは、世のすべてのひとにとって、罪を犯したときの薬であり、戒めを破ったときの護りである」（同上）とさえ言っているのである。念仏者には罪を恐れる心配はない、といえる。

しかしこれに対して源信はこう答えている。

もし一心に念ずることができるなら、まさに非難のとおりであるが、しかし終日仏を念ずるとしても、静かにその念仏の実質を検討してみると、清浄な心のときはそれこそ一度か二度で、そのほかはみんな濁り乱れている。野生の鹿は繋ぎとめておくのがむつかしいが、飼犬はなにもしなくても馴れている。ましてみずから心を恣《ほしい》ままにすれば、その犯す悪はどれほどになるか。だから、かならず浄らかな戒めをたもつことに努めて、燦然《さんぜん》と輝く宝石を大切に護るようにするのが当然であろう。

源信の姿勢はここでは、念仏のすぐれた力を恃《たの》んで罪を恐れないものがあっては、かえって仏の慈悲を汚すことになる、という細かな配慮にでるものである。罪を滅する絶大な力が念仏に賦与されるとき、当然こうした問題の解答を用意して置かねばならないからである。後に鎌倉期にはいると、念仏はただ一遍でじゅうぶんだ、とする考えを楯にとって、どんな悪も恐れる必要はないという、造悪無碍の挙にでるものが現われるようになるが、そうしたときもほぼ源信の説くところを追って、この問題を解決しようとしているようである。

懺悔

先に触れたように、戒めを犯したときは当然懺悔がなされなければならない。だからそのために一定の日を定めて懺悔に当てた布薩《ふさつ》などということが制度化され、行なわれもしたのであって、仏教がいかに懺悔を重視したかは、これからも理解できる。またその罪の軽重によって懺悔の仕方も定められていた。

しかしこのような布薩などといった懺悔の仕方は、源信のころにはすでに有名無実の形骸となり終わっていたと推定される。もはやそれは単に形式だけのもので、たとえ行なわれたとしても、本来の精神を失っていたのである。したがって、このような形式的な懺悔という仏教儀礼でなく、その懺悔本来のすがたを取り返すことがどうしても必要になってくる。とくに真摯に罪と対した源信のようなひとにおいては、これがまじめに取り上げられてくるのは当然である。かれはこれを戒律上の制度的な懺悔から切り離して、念仏との繋がりにおいて、これを考えようとしたのである。

かれはこう記している。

懺悔の仕方は一つではない。望みにまかせてこれを修めてよい。あるいは五体《ごたい》（頭と両肘《ひじ》・両膝）を地に投げだして身体じゅうに汗を流し、阿弥陀仏のおおせにまかせ、心からのまことを捧げて眉間の白毫相を念じ、罪を包み隠さず申しあげて涙をながし、このように念ずるとよい。「阿弥陀仏はかつて空王仏の眉間の白毫相を礼拝され、罪を消していま仏となっておられる。わたしもいま阿弥陀仏を礼拝したてまつることによって、きっとまたこのように仏となることができよう」と。また犯した罪の深さに従って、仏の光を、なげき請わなければならない。「仏が施しによってえられた、その功徳の光を放って、物惜しみの罪を消してください。戒めを守ってえられた、その功徳の光を放って、戒めを破った罪を消してください。忍耐によってえられた、その功徳の光を放って、怒りの罪を消してください。努力によってえられた、その功徳の光を放って、怠惰の罪を消してください。禅によってえられた、その功徳の光を放って、散乱した心の罪を消してください。智慧によってえられた、その功徳の光を放って、愚かな煩悩の罪を消してください」というように。

こうして一日ないし七日、懺悔して仏の恵みを乞い、罪の消除を願うのである。ここには仏と念仏者との繫がりは念仏者の懺悔と仏の慈悲とを媒介として、より緊密になり、念仏は鞏固《きょうこ》に、真実になる。念仏者はなにものにも心を乱されることなく、仏のおおせにすべてをまかせて、虚心の観想を可能にすることができるのである。

しかしここで注意されることは、こうした懺悔を「事懺《じせん》」と呼んで、「理懺《りせん》」と区別することである。この考え方は智顗《ちぎ》の『摩訶止観《まかしかん》』（第二巻上）に説かれて、天台宗伝統の懺悔法として行なわれたものである。したがって源信もこれを取って、以上の懺悔のほかに「理の懺悔」があるとするのであるが、かれは『心地観経《しんじかんぎょう》』の文をその例として掲げている。

罪の本性《ほんしょう》は　真如《しんにょ》なり
妄心ゆえに　とらわるる
罪のすがたは　空しくて
いつの時にも　得るはなし
内《ない》・外《げ》・中間《ちゅうげん》　ともになく
性《しょう》・相ともに　真如にて
この妙理こそ　言葉なく
聖なる智にて　さとるなり
有《う》・無《む》・有無とまた　非有非無《ひうひむ》と
すべてを離れ　言葉なく
宇宙に満ちて　起・滅なく
仏はすべて　一つなり

願わくは仏　加護《かご》を垂れ
迷いの心を　消したまえ
真理の源《もと》を　われさとり
仏のさとりに　いたらなん

ここにいう「真如」はすなわち一切のものの真実のすがたであり、もののありのままのすがたである。だから、それは一切のものの「真性《しんしょう》」でもあり、「実相《じっそう》」でもある。言葉はかわっていても、それによって表わそうとするものは一つで、この真実は永遠に不変な理法である。したがって罪と捉えられたものそれ自体がそのままのすがたにおいて、真実そのもののあらわれにほかならないし、罪として解したことそれ自体は、妄心のとらわれに過ぎないのである。迷いの心をもって、実は真実のすがたそのものである罪を、罪として固定的に捉えるから、心はかえって苦悩と悔恨にせめられ、われとわが身を繫縛《けばく》のなかに閉じこめることになる。だから、正しく真実に触れなければ、懺悔もかえって心身を空しく責め苛《さいな》むばかりである。ここにより高度の懺悔として、普遍真実のありのままのすがたを観想する「理懺」が説かれたのである。

しかし考えて見ると、「理懺」は単にそのかたちをなぞるだけのものではないから、その説くとおりに行なうとすれば、かりそめにやれるものではない、と知られる。この「理懺」を可能にするひとには、すでに観想も正しく行なわれ、乱されることもないように思われる。そのかぎりにおいて「理懺」は「理」の観想と別のものではなく、一枚でなければならない。懺悔といえば懺悔・観想といえば観想、といったものにほかならない。源信が、「罪はいずれも、その本性としては空しく、それとして捉えられるものはない、と洞察することが、とりもなおさず、真実に適った念仏の専念なのである（衆《もろもろ》の罪は性空しくして、所有無し、と観ずるは、即ち是れ真実の念仏三昧なり）」といったのも、これを示したものである。したがってこれはもはや、観想を助けるための方法ではない。

このように見てくると、懺悔はそのひとの能力に応じたものを選べばよい、といえる。ふさわしいと思われるものが、そのひとにとってはよりすぐれた懺悔であって、ひとは心の望むにまかせて修めたらいい。ただ一般的には「理懺」がすぐれている、といえるだけである。

最後に懺悔について、源信は、ここに述べた懺悔はいずれも「特定の時と所を限って行なう懺悔であるが、しかし念仏のひとはいつも三つの事を修め」なければならない、として、『大智度論』（第七巻）の指示にしたがって、「懺悔と随喜《ずいき》と勧請《かんじょう》」（随喜は喜びをあらわすこと、勧請は仏を請じ迎えること）の三つをあげている。そして次に掲げるような詩を誦するよう勧めている。かれはこれを『十住毘婆沙論』から抜萃しているが、いまは懺悔の詩だけ掲げておく。

量りなき　　十方の仏

知るところ　尽くさざるなし
われいまぞ　み前に伏して
あらわさん　罪のすべてを

三、三の　九種の罪あり（身体と口と心の三と、現在の生と次の生とその先の生の三）
三種なる　煩悩より生《な》る（欲界・色界・無色界の三）
いまの身の　はた老の身の
この罪を　悔い改めん

悪道の　なかにしありて
もし受くる　報いのあらば
いまこそは　身に償わん
かしこにて　受けざらんため

念仏をもって本とする

さて以上によって、源信が念仏について考えていたことの概要を捉えることができたと思われる。しかしいささか放漫に流れたきらいがないでもない。源信自身もっと的確にこれを捉えて、自分の意とするところを打ちだしてはいないか、と考えられる。そうした意味でかれの考えを窺ってみると、かれはこれを「念仏の助けとなる方法」の最後に総括して、「浄土に生まれるためにとくに必要」な行為はなにか、と自問し、

㈠仏のさとりをえようと願う心と、㈡身体と口と心との三つのはたらきを正しく護ることと、㈢深く阿弥陀仏の救いを信じ、㈣まことの心をつくして、㈤つねに阿弥陀仏を念ずることによって、㈥浄土に生まれたいというその願いどおりに、かならず極楽に生まれる。

（大菩提心《ぼだいしん》と、三業《さんごふ》を護ると、深く信じ、誠を至して、常に仏を念ずるとは、願に随《したが》つて、決定《けつぢやう》して極楽に生まる）

と答えている。

しかしこれでは、本当に「浄土に生まれるための要《かなめ》」はなにか、ということになると、あまり明確ではない。便宜上、数字を付して置いたが、それでもわかるように、ここには六つの要素が窺われる。いずれを欠いても浄土に生まれることはできないのであろうが、相互の関係はどうなっていると見ているのか、それがわかると、もっとも肝心なものはなにか、判然とするだろう。

この意味から源信の意のあるところを窺ってみると、これを端的に示したものは「浄土に生まれるための行為としては念仏をもって本とする（往生《わうじやう》の業《ごふ》には念仏をもつて本《もと》と為

す）」という表現である。これは浄土に生まれるための第一の絶対条件を念仏とみたものであって、一見当然なことのようであるが、この簡潔が実は浄土信仰の核心をついたものであり、また源信の念仏に対する信念をも語ったものとして注目される。後世、かれの影響を受けた浄土宗の開祖法然（一一三三―一二一二年）がその主著『選択本願念仏集《せんちゃくほんがんねんぶつしゅう》』の巻首に「南無阿弥陀仏往生之業念仏為本」と書いて、この言葉をもって浄土信仰の旗幟《きし》としたが、また当然なことであったといえよう。ところでこの念仏はもちろんただの空念仏《からねんぶつ》ではなく、その心には「深く信ずることと、まことの心をつくすことと、つねに念ずることとの三つを備えている」と見る。すなわち先の㈢、㈣、㈤の三つがこの念仏に不可欠の条件だというのである。したがってこの三つを欠くときは、念仏の名に価しないものとなる。念仏者の念仏はこの二つの心と一つの行為の持続において正しい念仏となることができるのである。

　ところで、この三つのうち、「つねに念ずる」ということは、念仏のすがたとしては、常時念仏を続けて、これを余事によって中断させないことであるから、先に掲げた四つの念仏の型（四修《ししゅ》）の第三、「無間修《むけんしゅ》」に相当している。そのかぎりでは、念仏は時を定めて、ある時間、なにごとにも煩わされないように、また煩悩によって心を掻き乱されて中断することのないようにして、行なわれなければならないから、念仏はいわば一心の念仏ということである。念仏の心に他の思いがまじって、心を間断させるようなことがないように制止するのである。してみると、「つねに念ずる」とはいっても、それは単に時間上の持続だけではなく、安定した心の持続がむしろ重要な意味をもってくる、といえる。そしてその意味において、「つねに念ずる」すがたは、「深く信ずること（深信《じんしん》）と、まことの心をつくすこと（至誠《しじょう》）」との二つと密接に結びついたものとなるのである。いやむしろ、これらを統一するものとして考えられたのではないか、と思われる。というのは、源信はこの三つの条件のうち、とくに「つねに念ずる」ことには、三つの利益がある、として、迦才《かざい》の説をあげているからである。とにかく「つねに念ずる」ことは、他の二つとこのようにして結びつくと見られるが、この二つが先にすでに説かれた「三心《さんじん》」のなかの二つであることは、直ちに想起されるところであろう。これらが「三心」の始め二つであることは説明を要しない。そしてここには第三の「功徳のすべてをてだてとしてふりむけて浄土に生まれたいと願う心（廻向発願心）」を欠いているが、それが先の㈥に相当することもまた明らかであろう（もっとも、この「願」を仏の本願とみることはできる）。してみると、ここでは表現はかわっていても、「三心」がそのまま念仏に不可欠のものとして取り上げられ、それを統一するものとして「つねに念ずる」一心の念仏が考えられたものと理解される。そしてこれらを含めて「念仏」という具体的な行為を浄土に生まれるための絶対条件としたのである。

このように見てくるとき、源信の念仏がどんなに心のあり方を重視したものであったかが、よく理解される。この捉え方は、善導に負うものと考えられるが、それだけにまた後の法然に直結するものでもある。

とにかくかれはもう一度先の六つの要素を整理して、「㈡三つのはたらきを正しく護るということは、消極的に不善を制止すること（止善）であり、㈢、㈣、㈤仏のみ名を称え念ずる（称念）ということは、積極的に善を行なうこと（行善）である」とし、「㈠さとりをえたいと願う心と、㈥極楽に生まれたいという願いとは、この消極・積極の二つの善を助けるものである」とした。念仏の位置はこれによって、さらにいっそう明らかになった、ということができる。

念仏の分類

しかしここで最後にもう一つ考えて置かなければならないことがある。それは、源信が念仏という言葉にどのような内容を与えていたか、ということである。すでにさまざまな観想が説かれて、それがそのまま仏を念ずることとして理解されて来たが、同時にまた仏の名を称える、いわゆる称名も念仏であったからである。このことは、かれが念仏としてなにをもっとも重視したか、という問題を考えるうえにも、整理して置く必要がある。そしてこれについては、第十章「問答による解釈（問答料簡《もんどうりょうけん》）」の第四「平生の念仏のありさま（尋常の念相）」で、次のようにいっているものを参照することができよう。

かれはこう記している。

念仏のすがたには多くの種類があるが、大きく分けて四つとする。第一は、静かに心を凝らして行なうもの（定業《じょうごう》）で、坐禅により精神を統一して仏を観想するものをいう。第二は、普段《ふだん》の心のままで行なうもの（散業《さんごう》）で、歩いたり、止まったり、坐ったり、横になったりしているとき、心が動揺したままで行なう念仏をいう。第三は、仏のすがたを観想するもの（有相業《うそうごう》）で、あるいは仏の相好を観想したり、あるいはみ名を念じて、ひたすらこの穢れた世界を厭い、ひとすじに浄土を求めるものをいう。第四は、相対的な差別を超えた空の理をさとるもの（無相業《むそうごう》）で、すなわち仏のみ名を称えつつ心に深く念じて浄土を願い求めるのだけれども、同時に、仏も浄土も、そのまま究極において空《くう》であり、幻か夢のように、あるままのすがたにおいてそのまま空であるが、しかし空といっても、しかもある（有）のだから、したがってあるのでもなく、空なのでもない、と観想し、この二の否定を体認して、間違いなくもっともすぐれた真実の道理（第一義）にはいることである。これを相対的な差別を超えた空の理をさとるものと名づけるが、これこそは最上の念仏三昧である。だから『無量寿経』で、阿弥陀仏は、

すべてある　もののすがたは
空・無我と　さとれどもなお
浄《きよ》き国　尋ね求めて
かかる国　つくらんとする

と詠っておられる。

この分類ですでに源信が念仏についてどのように考えていたか、明白である。そしてそのなかでなにをもっともすぐれた念仏と考えていたか、ということも知ることができた。源信は『往生要集』の末文に、「今日、極楽浄土を心にとくと刻んで、『法華経』に帰依《きえ》する風がひじょうに盛んです。わたし（仏子）も極楽を念じているそのひとりですが、遠い過去からの悪の名残りが深いものですから、『往生要集』三巻を著わして仏の観想（観念）にそなえました」と書いているが、かれ自身はやはり「観想」をもってみずからの念仏のあり方としたことが知られる。

第五章　悲しき者の救い

万人のための念仏

源信が念仏について考えたその中核が観想の念仏にあったことは、すでに明らかになった。かれは「観念に備え」て、『往生要集』を書いたというから、かれは努めてこうした高度の念仏に近づくことを願いとしたのである。巻頭の序に「わたしのような愚かもの（予が如き頑魯《ぐわんろ》のもの）」といっているのは、自力の修行者であることを放棄した発言であって、そこには愚かであっても、与えられた力をつくして、仏の誓いにふさわしい念仏者であろうとする思いが潜んでいる。利智高才の思いを捨てて、謙虚に素直に仏の慈悲を受けることができる念仏者でありたい、という願いである。

したがってかれ自身としては、散心の称名念仏を高く評価しない。それでも浄土に生まれることを否定しないけれども、それをもって念仏の本旨とはしない。源信としてはきわめて重要な問題を明らかにした「念仏の助けとなる方法」を説くに当たっても、「あらゆる方法によって、仏を観想しやすいようにする（万術をもって観念を助く）」ことが目的になっているのを見ても、観念は念仏の中心を占める課題であったのである。

しかし、それでは散心の念仏はどう考えられていたのだろうか。とくに罪深く愚かなひとには心静かに思いを凝らして観想に励む力が欠けているから、散心（称名）の念仏はこのひとたちにとってはもっとも直接的な意味をもつものでなければならない。これを措《お》いて他に救いはない。これだけが僅かに残された頼みの綱ということができる。そうとすれば、源信においても、これを低く見ることはできない。立場をかえていえば、愚かで能力も劣り、ともすれば悪に走りがちなひとは、その数において、清浄堅固で智慧も才能もすぐれているひとの比ではない。念仏が万人の救いのためにあるものなら、まずこのようなひとたちにこそ、広く開放されたものでなければならない。念仏の救いの目当てはこのひとたちにちがいないから、念仏もこれに相応した、行ないやすく唱えやすい散心称名の念仏でなければならないのである。

そして実際、源信においても、こうした称名は、折りに触れ時に応じて、重視され強調されていることを認めることができる。

しかしいまはそれに触れるまえに、罪や愚かさについてまず考えてみよう。

罪深く、愚かなもの

今様に、

我が身は罪業《ざいごふ》重くして、遂《つゐ》には泥犁《ないり》（地獄のこと）へ入《い》りなんず、入りぬべし、佉羅陀《からだ》山《せん》（地蔵の住所）なる地蔵こそ、毎日の暁《あかつき》に、必ず来《きた》りて訪《と》うたまへ（『梁塵秘抄』）

と詠われている。これは地蔵信仰をうたったものだけれども、これを阿弥陀の信仰に移しかえても、「我が身は罪業重くして、終には泥犁に」堕ちるものでしかない、といった反省や懺悔は変るものと思えない。やはり同じような身を切る「罪業」の自覚がうたわれるものと見て、間違いない。そして「罪業」の自覚はついに救われがたい自己に思い至る。浄土が遠いかなたにますます遠ざかって行く思いが心を占める。

暁静かに寝覚《ねざめ》して、思へば涙ぞおさへあへぬ、はかなく此の世を過ぐしても、いつかは
浄土へ参るべき

しかし罪業の自覚が強ければ強いほど、また救いは待ち望まれ、確信され、救いの偉大さが讃えられるはずである。みずから省みて、仏の誓いを念じないではおられなくなる。

我等は何して老いぬらん、思へばいとこそあはれなれ、今は西方《さいはう》極楽の、弥陀《みだ》の誓《ちか》ひを
念ずべし

我等が心に隙《ひま》もなく、弥陀の浄土を願ふかな、輪廻《りんね》の罪こそ重くとも、最後に必ず迎へ
たまへ

弥陀の誓ひぞ頼もしき、十悪五逆の人なれど、一たび御名を唱《とな》ふれば、来迎引接《らいがういんぜう》疑はず

最後の一首には、罪業の自覚と救いの確信との織りなす結びの固さが、巧みに詠いあげられている。

しかしこの二つが織りなす結びは、すでに古く、『和漢朗詠集』に収められた後中書王《ごちゅうしょおう》(村上天皇の皇子具平《ともひら》親王、九六四―一〇〇九年。教えを慶滋保胤に受けた)の詩に見え、それはまた同じひとの「西方極楽讃」(『本朝文粋』第十二巻「讃」に収められている)からの抜萃であって、そこには、

十悪といふともなほ引摂《いんぜふ》す　疾風《しっぷう》の雲霧《うんむ》を披《ひら》くよりも甚《はなはだ》し
一念といふとも必らず感応《かんおう》す　これを巨海《こかい》の涓露《けんろ》を納《い》るるに喩《たと》ふ

と詠われている。その意は、はやてが雲や霧を吹き払うよりももっと早く、仏は十悪を犯したものでも救いとってくださるし、大海がひと雫《しずく》の露をも受けいれるように、仏は一声の念仏(あるいは一遍の観想)にもかならずこたえてくださる、ということであって、「一念」によって「十悪」のひとも救いにあずかることを語っている。ひとの犯す悪の激しく、作る善のとぼしさを語って、仏の慈悲のはてしないことを詠いあげたものである。

しかしひとはどの程度、みずからの罪の深さに思い至るだろうか。心をこめて身の行ない

を恥じるだろうか。

源信は、「もし煩悩に迷ってその心を乱し、堅い戒めを破ったときは、その日のうちに懺悔を行なうとよい」（第五章第五）と教えているが、仏の戒めはもちろんのこと、世俗一般の倫理道徳にもとる行為もまた、懺悔されねばならないはずである。しかし罪は多く隠蔽される。罪を包み隠さないで、それに対決するには勇気が必要なのである。さらに罪を罪と知らない場合も多い。いずれも愚かさのゆえに、罪に背を向ける。だから罪の自覚はまた愚の自覚とも通ずるのである。

源信が引いた善導の『観念法門』には、十悪などを犯したときは、「大きな山が崩れるように全身を地に投げだして泣き叫び」、懺悔して、仏の眉間の白毫を念ずるように、と教え、罪深く「愚かなために見ることのできないひとは」「一日ないし三日に及んで、合掌して泣くがよい」（第六章第一）といっている。泣くのはみずからの罪の深さ、心のくらい愚かさに対してである。罪を罪と知って、しかもその罪と妥協し、罪のすべてを露《あらわ》にしないで糊塗しようとする、その罪深さ、愚かさが泣かれなくてはならないのである。これを源信はみずからの言葉で語らなかったけれども、そのままかれ自身の言葉と理解しても、けっして誤りを犯すものではない。かれの「頑魯」の自覚と考えあわせてもこういえるし、また『首《しゅ》楞厳院《りょうごんいん》二十五三昧《にじゅうござんまい》結縁《けちえん》過去帳《かこちょう》』に、かれが極楽のどこに生まれたかを記して、「いまは恐らく、かの願いの如く、下品《げぼん》の蓮を得たものであろうか」と伝えているのを見ても、かれがみずからは、能力も素質ももっとも劣った愚かものと心に深く銘記していたことを窺い知ることができる。かれこそはよく「おのれの分を計り」知ったひとであったのである。

下品

極楽に生まれるひとの能力や素質のうえから、これを九つの階位に分類したのが「九品《くほん》」である。上位に上・中・下の三つ、同じく中位、下位にそれぞれ三つを分けたものであるが、『観経』の説くところでは、下品の三はいずれも悪業《あくごう》を犯しながら慚愧《ざんき》の心をもたないひとのことで、源信はこれを「煩悩にとらわれて、悪をつくるひと（具縛造悪の人）」（第十章第二）と呼んでいる。とくに最下位の「下品下生《げぼんげしょう》」は「五つの逆罪と十の悪罪（五逆・十悪）を犯し、さらにさまざまな不善を身に備えた」「愚人」である、という。したがってその報いを受けて、救いのない苦しみの境界に堕ちることは決定的といってよい。しかしこのようなひとも、臨終に友人の勧めに遇《あ》って、仏のみ名を十遍唱えるときは、浄土に生まれることが約束される。

今様に、

> 浄土は数多《あまた》あんなれど、弥陀の浄土ぞ勝《すぐ》れたる、九品《ここのしな》なんなれば、下品下にてもありぬべし。

と詠われているが、そこには、みずから罪をかえりみるとき、自分の相応した位は下品下生

しかないけれども、それでじゅうぶんだとする、謙虚に仏の救いを喜ぶすがたがよまれている。「宝篋印陀羅尼経紙背今様《ほうきょういんだらにきょうしはいいまよう》」の、

九品蓮台《れんだい》その中に、いづれかわれらがのぞみなる、上品上生はるかなり、下品といひてぞたりぬべき

もまた、相応の位を下品と見据えた悔悟と懺悔のこころをよんで、余蘊《ようん》がない。

ところで、源信もまたみずから「下品」と見据え、下品の救いを確信したひとであった。かれは自己相応の位を下品と見定めて、そこから浄土の救いを仰いだ。だから下品の懺悔をとおして仏の救いを確信し、その確信に立って、どんな悪業のひとも下品からもれることはない、といい切ったのである。それには、善導の『観経疏《かんぎょうしょ》』「玄義分」に、九つの階位すべてを、つねに迷いのなかに沈んでいる愚かなひとに相当した位と判じた解釈が、あずかって力があったと見られるが、この解釈を正しく受けとって自己の信念に定着させたことは、大きな意味をもっている。

かれにとって上品・中品の位は問題の外である。かれの師良源が『九品往生義』で問題にしたような、上品に重点を置く態度はまったくなかったし、それらの位がどの程度の修行のすすんだ聖者に相当するか、といった煩瑣な学問的考証に対する興味も、かれは示さない。自分にとって切実な問題はこの愚かなわたしが救われる道はないか、ということに尽きるか

らである。自分の立っている足下が不安定なままで、他人の足下をあれこれいうのは順序が逆であり、また不必要なことだったのである。ここに立って、かれは、このわたしたちも下品のいずれかに相応する、と確信した。そしてそれは、悪逆のわたしたちも阿弥陀仏の救いにあずかるという確信と、どんな罪も仏の救いの力の前には無力であって、これを遮ることはできないという信念によるものであり、仏の誓いの絶対に対する仰信《ごうしん》である。この裏づけによる下品の確信なのである。だからまたその確信は源信ひとりの、わたしのものではなくて、「わたしたち（われら）」（同上）のものでもあったのである。

源信の『横川法語《よかわほうご》』といわれるものに、きわめて平明に、信心はあさく、妄念は激しくても、志を深くしてみ名を唱えるよう勧めているものが見られる。それをここに参照しよう。

信心あさくとも、本願ふかきがゆゑに、頼ればかならず往生す。念仏ものうけれども、唱《となふ》ればさだめて来迎にあづかる。功徳、莫大なり。此のゆゑに本願にあふ事をよろこぶべし。

又妄念《まうねん》はもとより凡夫《ぼんぶ》の地体《ぢたい》なり。妄念の外に別の心もなきなり。臨終の時までは、一向《いつかう》に妄念の凡夫にてあるべきぞとこころへて、念仏すれば来迎にあづかりて、蓮台《れんだい》にのるときこそ妄念をひるがへして、さとりの心とはなれ。妄念のうちより申しいだしたる念仏は濁《にごり》にしまぬ蓮のごとくにして、決定《けつぢやう》往生《わうじやう》うたがひ有るべからず。

妄念をいとはずして、信心のあさきをなげき、こころざしを深くして常に名号《みやうがう》を唱ふべし。

浅い信心を歎きながら、み名にすべてを託して唱えようとする「こころざしの深」さは、そのまま「信心」に応ずるものである。ただ源信はこれを「信心」と呼ばなかっただけである。そしてこれを信心としなかったことが「本願にあふ事をよろこ」ばせることにもなったのである。後に親鸞《しんらん》は『教《きょう》行《ぎょう》信証《しんしょう》』の総序で、真実清浄の信心はけっして得られないものであるが、たまたまそれが得られたときは遠く宿縁をよろこばなくてはならない、といったが、おのずから相通《あいかよ》うものがある。愚かな自分が救いの本願にあうことはまったくの偶然であって、仏の側からのはからい以外のなにものでもない、と知られるところに、「本願にあふ事」の「よろこび」がしみじみといただかれるのであって、まさに信心の喜びといってよいものであろう。

信と疑い

ところで、すでに触れたように、浄土に生まれたいと願うひとにたいして、「三心《さんじん》」ということがいわれた。そしてそのなかの「深く信ずる心（深心）」について、善導の述べたものが、二つの「信」であったこともすでに知るところである。いまそれをもう一度想起してみると、それは、煩悩にまみれた愚かな自己のすがたを正視して、ついに迷いの世界を抜けでることができないと素直に信ずることと、仏のみ名によって、十声・一声、仏のみ名を称えるだけでも浄土に生まれることができると信じて疑わないこととの二つである。してみると、この二つの信は、いまのべた源信の下品の確信と異なったものではないことがわかる。源信の下品の確信もまた仏の誓いの絶対を信じて疑わないものだからである。先にかれは臨終に当たって「煩悩が邪魔してなかを隔て、まのあたり見たてまつることができなくても、広大な慈悲の誓い（大悲の願）を疑ってはならない」（第六章第二）と教えて、疑いのない純一の信心を説いたが、仏の誓いの絶対を信ずることは、そのまま信ずることの絶対でもある。これを仰信の絶対といってもよい。信心が仏の誓いの絶対に光被《こうひ》されて、純一となって光るのである。

したがって信心が確かなものとなれば、浄土に生まれることは間違いない。道綽《どうしゃく》がいうように、浄土に生まれないのは、

信心が深くなく、あったり、なかったりするからである。信心が純一でなく、きっぱりときまっていないからである。信心が持続しないで、ほかの雑念がまじるからである。この三つが相応しなければ、浄土に生まれることはできない。もしこの三つの心が備わっているのに生まれないならば、それは道理に合わない。（第十章第二に引用）

この三心は信心のあり方を三つの角度から捉えて、さらに明確化しようとしたものであるが、いずれにしても信心が確固不動のものとなれば、仏の救いは手のうちにある、といって

よいだろう。

ただ源信では、信心の絶対純粋を強要しなかったことは注意されなければならない。絶対に揺るぎのない信心というものをどう考えたのか、わからないけれども、とにかくひとによって信ずる心に浅いか深いかの差があることを認めて、こうした条件の差の上に立って、念仏者一般の救いを考えようとした。したがってまったく信じないものは論外であるが、「もし仏の智慧を疑いながらも、それでもなお、かの浄土を願い、念仏を修める」ひとを予想して、「仏の智慧を疑う罪は、悪道に堕ちる罪に相当する」が、それでも浄土に生まれることができる、として、疑惑のひとの救われる道を示したのである。そしてそれこそ、「仏の慈悲の誓いの力（仏の悲願の力）」（第十章第八）である、と見たのである。

あるいはまた、疑うからこそ、罪深く愚かなのであるが、愚かだからこそ、疑うのであって、愚かなひとの疑惑は止むをえない、仕方のないことと見たのかもしれない。疑いのひとは浄土の胎内に生まれる（これを胎生《たいしょう》という。極楽に至る途中、あるいは極楽の化土《けど》ともいわれるところに生まれることで、疑いを抱いたものが生まれるところだから疑城という。またここに生まれると、長く仏にまみえることがなく、そのまま止まるから、胎児にたとえて、胎宮《たいぐ》という。辺地《へんじ》・懈慢界《けまんがい》の称もある）ことになるが、源信によると、ある学僧は、ここに生まれるひとは、中品と下品に属するひとだ、というから、あるいは源信自身、疑惑のひとのなかに身を置いて、疑いのひとも救われる、といったのであろうか。かれが立てた設問に、「たとい、三心は備えていなくても」、「一度、仏の名を聞くだけで仏となることができる」（第十章第二）といった言葉があるのを見ても、かれが力の欠けた愚かなひとの側に立って、救いの道を広げようと試みていることが理解できるようである。

しかし実はもっと積極的に、疑いや誹謗や厭悪《えんお》など、総じて煩悩にそまった心すべてについて、「仏においてて善を行なう」ことの意味を高く評価し、それによってさとりが得られることを強調した。たとい「仏に対して不善の行ないをおこしても」（『如来秘密蔵経』）、「悪心を抱いたのだから」、いったんは「悪道に堕ちるが、すでに一度仏にはたらきかけたつながりがあるから、かならずさとりに至る」のであって、「まして清らかな心で、一度でも仏を念じ、一度でもみ名を称えるなら、その利益はなおさらのことである」（第十章第六）といった発言をみても、源信の意とするところがうかがえる。かれは疑いを含めて、すべて煩悩の心をもって念仏を称えても、その仏において行なった善（念仏）のはたらきかけは、速い遅いの差はあっても、かならずさとりに至らせる、と見たのである。これは愚かな救いのない悲しみのひとにとって、大きな救いの言葉であると思われる。

しかしこのような半面、かれは、どんなに信心が揺るがない純一無垢なものになったとしても、それによって浄土に生まれることが決定した、とは見ない。浄土に生まれることを決定するのは、どこまでも念仏にその主体がある、とする一線が守られている。信心は念仏の支えで、念仏はそれを支えとして浄土に生まれることを決定づける条件である、としたものである。それはちょうど土台が強くても弱くても、ともかく家が建つようなものであろうか。また信心はわたしのものであるが、念仏は仏のみ名を称えるもので、そのみ名に仏の功徳の一切がこめられているから、浄土へ救いとる仏の慈悲の全幅が念仏そのものである、とみたのであろう。そこには信を念仏という形にそう影と見て、それを主に対する伴のように位置づけたすがたがうかがえる。そしてそれは後に法然が説いたような、念仏と信心とを車の両輪と見る見方と少しく異なったものであることを注意しなければならない。法然の言葉を、中世の念仏者たちの文言を集録した『一言芳談《いちごんほうだん》』によって掲げておこう。

法然上人云、一念十念にて往生すといへばとて、念仏を疎相《そさう》に申ば、信が行《ぎやう》をさまたぐるなり。念々不捨者《ねんねんふしやしや》といへばとて、一念十念を不定におもふは、行が信を妨《さまたぐる》也。信をば一念に生《うまる》と取て、行をば一形にはげむべし。

「一念」は『無量寿経』下巻、誓いの完成を語る文（願成就文）に見え、「十念」は第十八願に見える。「念々不捨者」は善導の『観経疏』「散善義」の言葉である。

念仏

仏の相好を観想するにたえられないひとに許された道は、仏のみ名を称えることである。それもできなければ、救いは途絶えるよりほかはない。

阿弥陀仏と申さぬ人は淵《ふち》の石、劫《こふ》は経《ふ》れども浮ぶ世ぞなきとうたった今様はこれを語るものである。しかし逆に一声でも称えられるときは、救いから見放されることはない。『拾遺集』「哀傷」に収める空也の和歌は直截にそれをうたった。

一たびも南無阿弥陀仏といふ人の蓮の上にのぼらぬはなし

そして源信もまた、「もし、相好《そうごう》を観想することにたえられないひとがあれば、あるいは身心をささげて礼拝しようという想いを抱き、あるいは仏が迎えてお救いくださるという想いを抱き、あるいは浄土に生まれるという想いを抱いて、その上で一心に仏のみ名を称え、念じてもよい（若《も》し相好を観念するに堪へざるもの有らば、或は帰命《きみやう》の想に依り、或は引摂《いんぜう》の想に依り、或は往生《わうじやう》の想に依つて、応《まさ》に一心に称念すべし）」（第四章第四）と説いて、口に称え心に念ずることを教えた。ここにはすでに「観想にたえられないひと」という条件があるから、「称念」の念はごく常識的に理解されなければならないものである。いわば、仏のみ名を称えるとき、心も仏に向かっている、そういった称名念仏である。だからそのかぎりでは「称」に重点があると考えられるが、また心が仏に向かう度合には当然差があって、ごく浅いものから、口に称える念仏の持続によって、観想とまではいかなくとも、それに類似した、心のさえかえる想いによって醸成される、虚心に仏を仰ぐ心境、といった深いものもある、と考えられる。だから源信が用いた「称念」という術語の意味する念の内容は、振幅の激しいものと考えなくてはならないが、しかし物事に係《かか》ずらって、とかく心の移る愚かなひとを目当てとして考えるときは、やはり念よりも称に重点がおかれなくてはならない。とくに死の迫ったそのときまで、仏に背を向けて来たものや、死に臨んで心の動揺するひとを対象に考えるときは、口で称える念仏が重要度を増し、そこにおのずから数が重視されることになる。そこでは「念」は救われたいという願いと見ることができるだろう。

そこで問題になるのは、いままでにもたびたびすがたを見せてきた十声・一声の念仏である。すでに空也はただ一度の念仏によって浄土に生まれることが保証されるとしたようであるが、源信はこれをどう見たか。

これについては先にも触れたように、かれの考えとしては十遍の念仏が救いにあずかる条件の限界と見なされたようである。だからかれは臨終の念仏について言うときはいつも、「十」という数を明示することを忘れない。それだけ、十という数にこだわったともいえるが、これをよく示しているものは、『観仏三昧海経《かんぶつざんまいかいぎょう》』第三巻に語られている、月徳という資産家の五百人の子供が地獄に堕ちたことについて、懐《え》感《かん》の言葉を引いて、こういわせていることである。

　五百人の子供はただ父の教えによって一度だけ念仏したが、さとりをえたいという心から浄土に生まれようと願ったのではなく、心をこめて行ないを恥じたのでもない。またかれらはまごころをもって念仏しなかったし、さらにただ一遍念仏しただけで、十遍続

けることをしなかったからである。(第七章第六)

ここには「十遍」という数が「浄土に生まれるためのすぐれた条件(往生の勝縁)」(第十章第二)であることを、鮮かに語っている。

しかもこの十遍が、先にも触れたように、「極悪のひと」に与えられた、救いに対するぎりぎりの限界であって、「逆罪のひと」では救いを決定するものとならない、としたことは注目されるところである。かれの意としたものがどこにあったのか、明らかではないけれども、ここに源信が置かれていた時代というものの制約を無視することはできないだろう。平安末期から鎌倉初期にかけて、念仏は十遍の念仏から一遍へ、また量的なものから質的なものへと変貌して行くからである。

しかしそれはともかくとして、十遍の念仏がどうして罪を消して浄土に生まれさせる力をもっているのだろうか。念仏のすぐれた利益については、源信はとくに一章を設けて(第七章「念仏の利益」)説いているから、実はそれに尽きるけれども、いまここでは、懐感の説を受けて、念仏には五つの条件が随伴しているから、罪が消える、としたことに注目しよう。その五つのうち、いまとくに留意されるのは四つで、一つには、浄土に生まれたい、という願いがこもっていること、二つには、阿弥陀仏の誓いだ、ということ、三つには、念仏そのものの功徳があること、四つには、仏が勝れたお力をもって護ってくださることである(第十章第五)。このうち、はじめの願いだけを除いて、他はすべて仏の側の慈悲によるものであることはすでに明らかである。ひとはただ救いの願いをこめて、み名を称えたらいい。先にいった「心に念ずる（念）」とは、この願いをさしていると思われる。

したがってわたしの称える念仏それ自体が仏の絶対の慈悲の結集であるから、わたしにはただ称えようという意志とその行為だけがあれば、ほかに何もいらない。まるまる、仏の慈悲の力によって罪は消される。わたしの罪はすべて消えて、わたしは念仏の功徳の一切を身に受けることになる。ちょうど、栴檀《せんだん》の樹が双葉をだすとき、よく四十由旬にわたって激しい悪臭を放つ伊蘭《いらん》の林でさえも、ことごとく甘く芳しい香りに変えてしまうようなものである（同上）。身には悪の片鱗もなくなり、かえって念仏の善が満ちあふれる。それはまさに念仏の力の不思議というほかないものである。仏のみ名にこめられた一切の善がわたしの口に称える呼び声にこたえて、直ちにそのまま流れこんでくるのである。

救いの確証

「臨終のときの心は力が強いから、量り知れない多くの罪をよく消すけれども、平生、仏のみ名を称えても、これと同じではない」（第十章第五）と源信はいう。平生にはやはり心静かな観想が必要だ、というのである。そうでなければ、量り知れない多くの罪は消えない。

しかし罪が消えて、浄土に生まれることができる、とだれが確信できるだろうか。できるとすれば、なにを証拠に確信できるのだろうか。

『源氏物語』「若菜」上に、明石入道が中宮になった孫娘の皇子出産を聞いて、はじめて求道の思いを決して山にはいって跡をたつに至った、そのときの入道の胸中を中宮あての手紙に語らせて、次のように記している。それをここに想起しよう。

あなたがお生まれになろうとしていらっしゃった、その年の二月の夜の夢に、自分は須《しゅ》弥《み》の山を右の手に捧げておりました。山の左右から、月と日の光が鮮かにさし出でて世を照らしています。自分は山の下の方の蔭に隠れておりまして、その光には当たりません。山を広い海の上に浮かべて置いて、小さい舟に乗りまして、西の方をさして漕いで行く、と見たのでございます。その夢がさめました朝《あした》からは、とりわけていうほどの価値もない身にも行末に望みをかけるようになりながら（頼む所出で来ながら）、一体何をあてにして、そんな大した仕合わせを待ち設けられようか、と心のうちでは危ぶんでおりましたけれども、その頃から母親の腹にあなたがお出来になりまして、それからこっち、俗世間の書物を読みましたり、仏の教えを尋ねたり致しますと、夢は信ずることのできるものだということが、多くのものに書いてありましたところから、賤《いや》しい懐《ふところ》のうちにお抱き申し上げ、もったいないことだと存じながら御養育いたしましたものの、何としましても力の及ばない身の上なのを嘆きまして、こんな田舎に下って参ったのでございました。（谷崎潤一郎訳による。ただしかなづかいなど、いくらか表現を改めたところがある）

ここには、孫娘の将来を夢によせて確信しようとしたことが語られているが、この夢を同時に、入道が浄土に生まれることの確証とも受けとろうとしたことがうかがわれる。それは、すでに夢のなかで入道が西を指して漕ぎだしたといっていることに予示されているとともに、中宮の皇子出産によって逆に夢の真実性が証明されたいま、「遥に西の方、十万億の国隔てたる九品の上の望、疑なくな」った、といっていることによって明白である。いわば、このときの夢は、入道の現世と来世の幸福を予示したものであって、その確証はなかなかつかめなかったが、皇子の出産によって来世を確証するものとなったのである。

しかしここにはまだ、「夢は信ずることのできるものだ」と自分に言い聞かせ、納得させようとする不信感がある。確証するものがあらわれて、はじめて確信されている。したがって夢はつねに真実なものとして確信されるまでには至っていない。確証はもっとはっきりした形で、みずから捉《つか》みとらなければならなかったのである。

ところで源信においてはそれを観想や称名による見仏に期待したようであるが、ただそれを確証とするほどまではいっていない。なぜなら、そこには、身を終える最後のときまで、念仏をつづけて、煩悩などさまざまな障碍を振り払って行く努力が積み重ねられねばならないとした考えが、はたらいているからである。したがって救いの確証はいきおい臨終のときにおくられるより道がない。ここに「臨終正念《りんじゅうしょうねん》」が改めてまた重視されることになる。『二十五三昧起請』にもいうように「臨終の一声の念仏（一念）」が「善悪の二道」の分かれ目になるのであるから、最後の念仏はいわば決定的な瞬間である。

しかし息の切れる最後の一瞬が重視されるかぎり、最後まで確証はない、といった方が正しい。確証は結局は死の刹那《せつな》に、しかもまわりに看取っているひとによってえられる外はないのである。しかしそれでもなお、はたして臨終「正念」に終わりをとげたかどうか、わからないのが実情であろう。源信が看病人の心得をのべて、「たびたび病人が経験することを尋ね」るように教えている（『起請』には、病人が眼に見るところをたずねて記録するようにいっている）のはそのためである。それは、病人が死の床にあって、仏の来迎をまのあたりにしているかどうかをたしかめようとする意図にでるものである。臨終の正念によって仏のお迎えを見たということが、ここではじめて確証として浮かびあがってくるから、病人に対してその経験するところを問わなければならないのである。

夢枕

しかし来迎を経験しなかった場合はどうだろうか。そしておそらくそうした場合があるいは多いかも知れない。来迎のことも語らないで、息を引きとる可能性は当然予想される。念仏のひとは死後、友人の夢枕にあらわれて、間違いなく浄土に生まれたことを知らせるように、と源信がいったのも、このことを予想したからであろう。また『伝』によると、源信は臨終には専心不乱、念仏して絶えたが、後日、弟子の覚超《かくちょう》の夢にあらわれて、「下品一」に生まれた、と語ったという。

とくに生前、悪業を重ねたひとの場合は、夢こそは唯一の証拠である。後の記録であるが、『今昔物語』第十五巻に「丹波ノ中将雅通《まさみち》往生語」が載っているから、一例として、適当に抜萃して掲げて見る。

而《しか》るに此の中将生《いき》たりける時、或る聖人と師檀の深き契り有《あり》けるに、聖人、中将失《うせ》たりと云ふ事を未だ不レ知《しら》ずして、初夜の程に仏の御前に念誦《ねんじゅ》して有けるに、居《ゐ》乍《なが》ら眠入《ねぶりいり》たりける夢に、五色《ごしき》の雲空より聳《そび》き下《くだり》て、彼《か》の丹波中将の家の寝殿の上に覆ふ。光を放ち馥《かう》ばしき香満《みち》て、空には微妙《みめう》の音楽の音聞ゆ。其の五色の雲、音楽の音漸く西を指て去《さり》ぬと見て、夢覚《さめ》ぬ。聖人恠《あやし》き事かなと心に騒ぎ思て、夜曙《あく》るや遅きと、彼の中将の家に行て尋ぬれば、人有て夜前《やうべ》の戌《いぬ》の時に中将は早う失《うせ》給ひにきと云へば、聖人泣々《なくな》く彼の夢を語て、返《かへり》て中将の後世《ごせ》を弥《いよい》よ訪《とぶらひ》けり。世の人も此れを聞て、丹波中将は疑ひ無く往生したる人也とぞ云ひ貴びける。

しかしここにこれを信じないひとがいた。藤原伊周《これちか》（九七四―一〇一〇年）の子の道雅で、中将が生前、殺生を宗とし、栄華を好んだひとであることを知っていたからである。かれは、聖人が中将と結んだ交誼《こうぎ》によって空言をいったものに過ぎない、と誹謗したが、たまたま六波羅で講演があるというので出かけたとき、車の前にいた一人の老尼が泣きながら次のようにいうのを聞いた。

我れ身貧くして年老《お》いたり。一塵の善根を造る事無し。徒《いたづら》に此の世を過して三悪道に返なむずる事を、夜《よ》る昼《ひ》る歎き悲て、此の事を仏に申すに、昨日の夜夢に見る様、貴き姿したる老たる僧出来て、我れに告て宣《のたま》はく、汝《なん》ぢ更に歎く事無くして、心を専にして念仏を唱へば、必ず極楽に往生せむ事疑ひ不レ有《あら》じ。彼の左近の中将雅通の朝臣《あそん》は善根を不レ造《つくら》ずと云へども、只心を直《うるはし》くして法花経《ほけきやう》を読誦《どくじゆ》せし故に、既に極楽に往生する事を得てきと宣ひき。然れば尼此の夢を見たれば無レ限《かぎりな》く喜《うれし》く思《おぼ》ゆる也。彼の丹波中将の往生し給たる事も疑ひ無き事也けり。

『物語』は、これを聞いて以後、道雅も疑うことなく信じたことを伝えている。

このような事例は実は枚挙にいとまがないほど多い。そしてここにも見られるように、浄土に生まれたということを証すものとして、五色の雲（あるいは紫の雲）や、かぐわしい異香や微妙《みみよう》な音楽、あるいは光などが、夢にあるいは現《うつつ》に、世にあるひとの耳目に捉えられるという形をとって示されている。

これらを見ると、いかに浄土に生まれたことの確証がこい求められたかがうかがわれる。慈円の『愚管抄《ぐかんしよう》』を見ると、法然の入滅を記して、「大谷と云《いふ》東山にて入滅してけり。それも往生〳〵と云《いひ》なして人あつまりけれど、さるたしかなる事もなし。臨終行儀も増賀上人《ぞうがしやうにん》などのやうにはいはるゝ事もなし」といっているが、ここで「たしかなる事」といっているものは、「往生」の確証に外ならない。また『続本朝往生伝』には、増賀（九一七―一〇〇三年。源信と同じく良源を師とした。多武峯《とうのみね》に住し、奇行によって知られる）の臨終を記して、「みずから身を起こして西方に向かい、やや久しく念仏合掌《がっしょう》して、坐ったまま入滅した」と伝えている。こうした臨終のさまも伝えられていない、というのである。ともかく、これを見ても、入滅のときの本人や周囲の状況が問われ、夢にあらわれて、生まれたことを伝えたかどうかが重視されるようになったことを知ることができる。

真実清浄の心

愚かなひとも念仏によってこうして仏の救いにあずかり、浄土に生まれていく。その確証はなくても、救いを信じて死んで行くことができる。言葉をかえていえば、この段階ではただひたすら浄土に生まれることだけは信じられなければならない。それが最後の一声の念仏なのであり、それこそ最後の救いといってよいものである。

しかし、それでは、浄土に生まれるとはどういうことと考えられたのであろうか。

今様に、

極楽浄土の東門は、難波の海にぞ対《むか》へたる、転法輪所の西門に、念仏する人参《まゐ》れとて

とうたったものがある。そこには、西の海に向かって漕ぎだして行けば、いつか西方極楽に達するといった、素朴な浄土観や、ここで死んで、かしこに生まれるといった、素朴な生の

再現に立脚したものが考えられているようである。苦しみのない、その名のとおり、楽しみだけに包まれた理想郷が海のはてのかなたに、ちょうど蓬萊山のようにあると考え、そこにつくと、不死の妙薬をのんだように、永遠の生命をうる、と考えたのであろう。しかしこうした考え方は、はたして源信と一致するだろうか。

源信の語るところを見ると、一見、五官の感覚的な喜びをうったえたところがある。とくに「五官に訴える、この世界の楽しさ（五妙境界の楽）」（第二章第四）などはその一例といえるかもしれない。望むところはなんでも直ちにかなえられる、といった、貧富の差なく、すべてのものの理想とする世界がここに実現されているからである。

しかしもし源信が、このように考えたと見られるだけだとしたら、それは正しく源信を見たものではない。そうした意味での世界は、源信が言葉をつくして語ったところと、あまりにかけ離れたものでしかない。浄土がそうした欲望充足の理想郷としてあるとすれば、それはまずこの愚かなひとたちのとらわれた思念によって誤ってそう受け取られたものと見られるだけである。なぜなら、すでに浄土をそうしたものとして見たとき、そこに煩悩は愚かな執着を高めて、その執着においてそこに生まれたいと願うのであって、そのような煩悩の対象とならないのが浄土だからである。もしそうした浄土を心に思い描いて憬《あこが》れるとしたら、それは童女が人形に愛情のすべてを惜しみなくそそぐ姿に似ている。それは、空想的な所産にほかならないが、浄土はそんな空想とは無縁である。

たとえば、源信が浄土の有様について語る一節を引いて見よう。池の小波《さざなみ》についてこう叙述している。

小波がゆるやかにめぐり流れ、流れてまた一つところに集まるが、遅くなく速くなく、静かにゆるやかに流れてゆく。その小波の音は微妙で、仏の教えを説かないものはない。あるいは苦や空《くう》や無我や、さまざまな智慧の完成（波羅蜜）を説き、……聞くひとの心によって、歓喜《よろこび》は量り知れなく、清浄なさとりの真実の心（清浄寂滅、真実の義）にかなっている。（第二章第四）

ここには池の小波の叙景と同時に、その小波の音が仏の教えを説いていること、そしてそれを聞く喜びが「清浄なさとりの真実の心にかなっている」といわれていることを注意しなければならない。小波の音を聞くものはすでにとらわれの官能を抱いて聞いていないということであり、波の音を仏の教えと聞き、「さとりの真実」にかなった喜びを抱いているということである。すなわち、聞くひとはとらわれを放下《ほうげ》した「清浄なさとりの真実」に応じた心で聞いているのであって、煩悩にまみれた愚かな執着の心で聞いているのではない。煩悩にまみれた心のままで、このような浄土のすがたを考えても、それは生まれる所として現実に与えられる浄土とはまったく関係がない。「清浄なさとり」がはたらいている浄土を、この煩悩にけがされた心で思い描こうとしてみても、それは真実のものとはあまりに距《へだ》った虚偽の浄土であって、画餅《がべい》に等しい。

したがって浄土は煩悩にまみれた心で捉えられないものであることを知らなければならない。浄土の厳かに飾られたすがたが説かれて、そこに生まれたいと願う心をおこすよう勧められても、それは現世の欲望の充足の場として説かれたのではない。これを極端に踏みあやまると、身辺を浄土さながらに飾り立て、浄土パノラマのなかに身を置いて真実の浄土を幻想することになる。道長の法成寺はその最たるものであるが、浄土はそのようなパノラマとはまったく関係がない。端的にいえば、『維摩経』「仏国品」にいうように、「菩薩が仏の国を清浄にしようと望むときは、当然、その心を清浄にしなければならない。その心が清浄になるとき、仏の国も清浄になる」のである。だから、浄土の真実のすがたは清浄な心によって把握され、心を清浄にすることによって正しく理解できるのである。

したがってこのような浄土を固定的に捉えること自体が、浄土を正しく捉えていないのであるから、そうした所に生まれることも、浄土に生まれるものとはならないのである。その限りでは生まれるとは、この世の生の繰り返しであって、浄土と思ったところも穢土《えど》の再現にほかならない。

だから、ひとはとらわれの心を抱く自己のすがたを正しく見極めることが必要である。煩悩にけがれた、極悪の自己を深く反省し懺悔して、とらわれを去った清浄な心で、浄土を見つめなければならない。浄土はすでに建設され、仏の慈悲が実践に向かっているのであるから、この清浄の心をもってすれば、仏の清浄な救いの実践のはたらきの場である浄土に触れることができるはずである。そしてこのとらわれを去った清浄な心こそは、救いを信ずる

「最後の一声」にほかならない。愚かなものにして可能なことはこの一声の真実以外にはないし、この一声に清浄な心が結集しつくすからである。源信が「ただ大切な一事は最後の一声の念仏である（但《ただ》一事を以て最後の一念と為す）」（第六章第二）といったのは、このことを指しているのである。そしてこの一声の念仏の清浄が浄土の清浄にかなうのである。

しかしこの一声に結集した清浄の真実は、もちろん念仏のひとがみずからの力によってえたものではない。念仏がよく罪を消す力をもっていることについて、源信が仏の誓いにその根拠を求めたように（第十章第五）、また「見仏」について第一に仏の不思議な誓いの力がはたらくことを認めたように（同第四）、その清浄の真実は仏の救いの誓いによるものである。仏からさしのべられた救いの手が念仏のひとの心を護るからである。いってみれば、念仏のひとの心は最後のときが迫っても清浄とはならないが、それが仏の手によって浄土の「清浄なさとりの真実」にかなうものに引き上げられるのである。

こうして念仏のひとは清浄な真実の心をえて浄土に迎えられる。

ところで、ここで「清浄」といっているのは、もちろん煩悩のない、さとりに近い境界のことである。浄土に生まれて、小波《さざなみ》の音を仏の教えの声と聞くことができるような、執着がすべて払い拭われた境界である。浄土では、樹々の葉ずれの音も教えの声となって響くが、「その声を聞いたひとは、深いまことのさとりをえた安らぎをえ、ふたたび退くことのない位に住する（深法忍《じんぼうにん》を得、不退転《ふたいてん》に住す）」（第二章第八）というように、こうした「法忍」、「不退転」に応じた境界なのである（「法忍」とは、すべては因縁によって生じたもので、それとしての主体性がなく、幻のようにはかなく空しい、とさとり、この空の理をさとって真実にかなった安らぎに住することであり、「不退転」とは、そうした浄土でのさとりの境界を失わないことである)。だからまことの清浄は浄土以外にはない。浄土の清浄は清浄にするはたらきとしてつねにはたらいているからである。

信心あさくとも

源信は、清浄の心を臨終における最後の一声の念仏に見出した。その心こそ、浄土の真実に相応するものとした。したがって臨終の心構えが重視されることにもなったが、しかしかれは決して平生の念仏を軽視したのではない。むしろ平生の念仏こそ、かれが心をこめて説こうとした核心であった。刹那的な最後の一声よりも、平生の念仏をどう育てて行かなければならないか、ということが、かれの示そうとしたねらいであった。『往生要集』三巻の叙述はほぼこのためについやされたと考えられるものである。臨終は僅かな一分に過ぎない。そしてまた臨終の念仏は生涯の念仏の積み重ねの上に花開くものとも見たからである。それは、臨終を想いつつ、日々の生活を念仏によって生きることを説こうとしたものであった、ともいえるようである。

愚かな力のないものには、行きつもどりつする信仰の低迷はさけがたいものである。信心は、得たと思う、その手のうちからこぼれ落ちる。念仏一途にはげもうとこころざしても、いつの間にか疑いがきざして、信心に波を立てる。念仏にあけくれる生活もおそらくこうした後退と前進の繰り返しかも知れない。しかしだからといって、本願をおいて他にこのわたしを救うものがあるか。愚かなものにはこれしかない。してみれば、だからこそ、本願を信ずる日々の生活において念仏を唱えるほかはない、と知らなければならない。源信のいおうとしたことはここにあった、といえよう。

そしてこうした愚かなひとのための平生の念仏、信の念仏が、さらに一層強調され、明確な形で打出されて来たのが、平安末より鎌倉のはじめにかけて興ってきた、法然・親鸞の浄土教である。そこでは源信が踏み切れなかったものや、考え及ばなかったものが、きわめて明解に説き示されることとなったが、しかしそれも源信の置いた礎石があったからこそである。源信の『往生要集』がなければ、法然・親鸞の浄土教も生まれなかったことであろう。かれらがいかに源信に負うところ多大なものがあったか、これについて多く語る必要はないが、一例をもっていえば、法然には『往生要集』に対する注釈が『往生要集詮要』をはじめとして四種も著わされていることを挙げることができるし、親鸞には、『正信念仏偈《しょうしんねんぶつげ》』や『高僧和讃』においてどのように源信が讃歎されているかを認めることによって、それを知ることができる。源信に対して親鸞の呈した讃辞がそのまま、親鸞に与えた影響を語っている。源信に捧げられた讃辞を掲げて、この筆を擱《お》こう。

源信広く一代の教を開きて
偏《ひとへ》に安養《あんやう》に帰して一切を勧む

専雑《せんざふ》の執心、浅深を判じ
報化《ほうけ》二土、正しく弁立《べんりふ》したまふ
極重の悪人は唯《ただ》仏を称すべし
我も亦、彼の摂取の中に在《あ》れども
煩悩《ぼんなう》、眼《まなこ》を障《さ》へて、見たてまつらずと雖《いへど》も
大悲倦《ものう》きこと無くして常に我を照らしたまへり（『正信念仏偈』より）

源信略年譜

年次	西暦	年齢	事績	参考事項
天慶　五	九四二	一	大和国葛木下郡当麻に生まれる。	
天暦　四	九五〇	九	比叡山に登って出家し、良源に師事する。	
応和　三	九六三	二二		良源を中心とした天台宗と南都法相宗との間に対論がなされる（応和の宗論）。
康保　元	九六四	二三		慶滋保胤主宰の勧学会始まる。
三	九六六	二五		延暦寺の総持院・大講堂・文殊楼・法華堂・常行堂等焼失。
四	九六七	二六		法華堂建立。
天禄　元	九七〇	二九		良源、延暦寺籠山の制を厳重にする。
三	九七二	三一		空也寂。
天延　元	九七三	三二	法華会の広学竪義に預かる（その後いつの年か、横川に隠棲）。	
天元　元	九七八	三七	『因明論疏四相違略註釈』を著わす。	
五	九八二	四一		奝然入宋。
永観　二	九八四	四三	『往生要集』を書き始める。	源為憲『三宝絵詞』をかく（この年までには保胤の『日本往生極

寛和	元	九八五	四四	『往生要集』できあがる。	楽記』はできていたらしい)。良源寂。
	二	九八六	四五	『二十五三昧起請』(「起請八箇条」)等できあがる。	保胤出家、寂心を称す。奝然帰朝。
永延	二	九八八	四七	『二十五三昧起請』(「起請十二箇条」)できあがる。	
正暦	四	九九三	五二	(正暦年中、霊山院を造る。)	慈覚大師の徒と智証大師の徒との間に争いを生じ、山門・寺門に分立する。
長徳	三	九九七	五六	『観心略要集』(あるいは寛弘四年)を著わす。	寂心寂。
長保	三	一〇〇一	六〇	『天台宗疑問二十七条』を作って、寂照に託し、四明知礼に送る。	
	四	一〇〇二	六一		寂照入宋。
	五	一〇〇三	六二		多武峯増賀寂。
	六	一〇〇四	六三	権少僧都に任じられたが、翌年、これを固辞する。	
寛弘	二	一〇〇五	六四	『大乗対倶舎抄』・『倶舎疑問』を著わす。またこの年、横川に花台院を造り、阿弥陀三尊を安置する。	
	三	一〇〇六	六五	『一乗要決』を著わす。	
	四	一〇〇七	六六		檀那院覚運・書写山性空寂。
長和	三	一〇一四	七三	『阿弥陀経略記』を著わす。	
	五	一〇一六	七五		奝然寂。
寛仁	元	一〇一七	七六	示寂。	道長太政大臣となる。

あとがき

ひとはつねに歴史のなかに生きなければならない。どんなに偉大なひとであっても、そのひとの生きた時代の制約を断ち切ることはできない。たといその思想が千年の後に知己をうるとしても、時代の制約から抜けでたわけではなく、その時代の制約のなかで最高度に発せられた思想の光芒がひとの心を捉えたからである。ひとはその思想のきらめく一閃の輝きに共感する。

したがって歴史のなかに生きるものは、過去の思想の、それが置かれた制約をよく見極めたうえで、それを正しくいまに捉える必要がある。取るものは取り、捨てるものは捨てて、いまに生かすことが過去の思想に相対するものの態度である。思想をただの玩弄物《がんろうぶつ》にすることはできない。とくに宗教思想においてはこれが切に望まれる。単に教養という袋のなかにしまいこまないで、いまを生きる糧《かて》にしていただきたい。

ただ最後に思うことは、わたしがこの書を正しくいまに生きるものとしたかどうか、ということである。わたしだけがひとり空回りして、源信の思想をじゅうぶん咀嚼《そしゃく》しきれなかったのではないか、また舌足らずだったのではないか、それを恐れている。

付 参考文献について

『往生要集』についてさらに深く知りたいと思うひとのために、専門的な研究を二、三、掲げると、著書としては、

井上光貞『日本浄土教成立史の研究』（昭和三一年、山川出版社）
八木昊恵『恵心教学の基礎的研究』（昭和三七年、永田文昌堂）

論文としては、

稲葉秀賢「往生要集と往生拾因の念仏」（昭和二九年、『印度学仏教学研究』三ノ一）
恵谷隆戒「恵心僧都の往生思想」（昭和三〇年、『浄土学紀要』四）
藤井智海「往生要集の日本的性格」（昭和三三年、『日本仏教学会年報』二三）

などがある。

また直接、原文に触れたいと思うひとには、

花山信勝『原本校註漢和対照 往生要集』（昭和一二年、小山書店）

を勧めたいが、原文を収めたものには、外に、

『浄土宗全書』一五（明治四三年、浄土宗宗典刊行会）
『大日本仏教全書』三一（大正五年、仏書刊行会）
『真宗聖教全書』一（昭和一五年、興教書院）

がある。
現代訳には、
石田瑞麿『往生要集』１・２（昭和三八―三九年、「東洋文庫」所収、平凡社）
がある。

選書版　あとがき

筑摩書房から「現代人の仏教」③として『実践への道　般若・維摩経』（昭和四十年十一月刊）を出した当時の日記を見ると、昭和四十一年四月二十日、筑摩書房編集部から新しい企図に参加するよう要請を受けている。増谷文雄、唐木順三といった先生方の企図で、翌週二十七日、「日本の仏教」編集会議が神田一橋の如水会館で催され、出席したことを思いおこす。先生方のこの企図によせる意気込みの大きかったことなど、いまも脳裡に去来する。わたしに与えられたのは全十五巻中の第五巻、『往生要集』を扱う『悲しき者の救い』である。そしてそれがこの年十二月三十日、一冊の書として手にすることができたのを思うと、自分の口から言うのもおこがましいけれども、かなり筆の進みは順調であったとみえる。

あれから二十年の歳月が流れている。そしてここに、再び編集部より選書の一冊として刊行したいという申し出でを受けた。かつての書がいまに息吹き、新たな読者をえて読まれていくことができるなら、それこそこの書の幸せというものであろう。

一昨年は『往生要集』が書かれてちょうど一千年、いまも源信が築いた金字塔は光芒を放っているが、この書をもってその卓越した思想、信仰を正しく伝える一助とすることができれば、源信に学んだ末学の喜びとしたい。

ただ、最後に一言、付け加えておきたいことがある。誤植など単純な誤りの訂正とは別に、二十年の歳月がもたらした研究上の成果が、多少の訂正、加筆を余儀なくさせたことである。十全ではないとしても、これによって旧版の誤りは改まったと思っている。

昭和六十二年六月二十日

不苗荘にて
石田瑞麿

解説

岩田文昭

源信（九四二―一〇一七年）の『往生要集』は、日本仏教を代表する古典である。十章からなる『往生要集』には、きわめて大雑把にいって、二つの思想的側面がある。一つは平安浄土仏教の集大成という面。源信の思想は平安貴族に多大な影響を及ぼした。また日本人がいだく地獄や極楽のイメージは、『往生要集』をもとに作成された絵画や文学の流布によるところが大きい。もう一つは、のちの法然や親鸞をはじめとする鎌倉浄土思想の礎となった面。罪悪深重で難しい修行ができない衆生のための念仏の教えを先導したのである。『往生要集』の論述にはこの二つの面が分かちがたく結びついている。この二面性をバランスよく紹介することは容易ではない。石田瑞麿氏による本書は、この二面性をもった源信の全体像を示す格好の入門書である。

源信の二面性は、『往生要集』のなかでは、「観想の念仏」と「称名念仏」との関係として論じられている。「念仏」と一口にいってもさまざまあるが、仏教の伝統においては、心の中で仏を念じること、憶念することが念仏の中心であった。仏のすがたや功徳を心に想い念じることを「観念」あるいは「観想の念仏」といい、仏教の重要な行法として受け継がれてきた。観想の念仏は心を集中しなければならないため難易度が高い。それに比べると口で「南無阿弥陀仏」を称える称名念仏は容易である。『往生要集』は、「正しい念仏」の仕方を種々に論じ、称名念仏についても触れている。ただし、それは観想の念仏に比すれば、格の落ちる二次的なものとして位置づけられている。しかも、ただ口で「南無阿弥陀仏」をいうだけでなく、そのときには一心に阿弥陀仏へと向かう想いを持つべきだとしている。いわば条件づきで称名念仏を称揚しているのである。ところが、この称名念仏こそが凡夫が極楽浄土へと往生するための正しい行為だと法然は考えた。そして、法然がこう主張するにあたっては『往生要集』がその導きとなったのである。

それゆえ、主として「観想の念仏」を説いた源信に、法然や親鸞の先駆的形態をどのように認めるかということがその思想理解の大きな課題となる。源信の思想理解の鍵を石田氏は、本書の副題である「悲しき者の救い」に見定める。『往生要集』の序で源信は、「予が如き頑魯《がんろ》の者」と述べ、自らを愚か者だと規定している。しかも、源信は自分だけではなく、源信が身近に接していた人々も修行に堪えることのできない弱い者であり、心を収斂することが容易ではない悲しき者であると想定している。この想定を裏付けるために、石田氏は本書第一章で念仏結社である二十五三昧会《にじゅうごさんまいえ》の成立経緯とこの会の規定を詳細に論じている。

二十五三昧会とは、念仏への信仰を共有する仲間が平生から例会を開き、仲間が臨終に及んだときに極楽に往生できるようにサポートする組織である。『往生要集』は、浄土思想の教義書であり、多くの仏典を引用している。しかし、それは抽象的な理論ではなく、具体的な特定の人々を念頭においていた。二十五三昧会など念仏結社に参加している人々を対象に『往生要集』は書かれたのである。源信は臨終における心のあり方を重要視し、それが極楽往生できるかどうかの要となるとする。しかし、臨終には心は乱れがちである。観想の念仏は平生でも難しく、臨終であれば一層困難である。より容易な称名念仏をするにしても心が散乱してしまい、心を集中することは簡単ではない。落ち着いて臨終を迎えるためには、サポートが必要である。そこで、健康に生きているときから仲間とともに、心のあり方を整え、念仏をすることが欠かせない。二十五三昧会の掟には、そのための実践方法が具体的に定められている。

『往生要集』の教義上の主要な内容である「正しい念仏」は、このような現実を見据えて書かれた。それゆえ、観想の念仏を中心に論じたようにみえる『往生要集』においても、「散心」(心を乱している状態)で唱える称名念仏の意義を排除しないことを石田氏は示唆する。

本書第五章は、「悲しき者の救い」に的を絞り、改めて『往生要集』全体の検討をしている。『往生要集』の表立った主張では、難易度が高い観想の念仏こそが本来の念仏だ。しかし、それでは愚かな力のない者は救われない。石田氏は、源信の思想のなかに、愚かな悲しき者のための「唱えやすい散心の念仏」の萌芽を認める。そして、この方向性を徹底させたものとして法然と親鸞を位置づける。実は、法然自身が『往生要集』序からみてとれる源信の思いに注目して、『往生要集』を読み解いたと伝えられている(「叡空上人との問答」、『昭和新修法然上人全集』石井教道編、平楽寺書店、一九五五年、七二七頁)。『往生要集』のなかに潜在している「悲しき者」についての思想は、時代の制約のなかで十全に表現されなかったものの、のちに法然や親鸞に至り一つの明確な場所をえた。このことを『往生要集』の内容を丁寧に説明しながら示したのが本書であるといえよう。

本書の第二章は『往生要集』が描いた迷いの世界である「六道」(地獄・餓鬼・畜生・修羅・人間・天上)を紹介している。『往生要集』は、地獄のすがたを体系的に描いたことによって広く世に知られていくことになった。その大きな特徴は、視覚に訴える表現が多いことにある。石田氏は『往生要集』での地獄の描写を生き生きと示している。また、ダンテが『神曲』で描いた地獄などと対比させながら源信の地獄像の特色を指摘している。なお、石田氏は『往生要集』以前と以後の地獄の有り様を『日本人と地獄』(講談社学術文庫、二〇一三年)や『地獄』(法藏館文庫、末木文美士解説、二〇二〇年)として刊行している。

本書第三章と第四章では、『往生要集』の教義上の中心である阿弥陀仏の極楽世界と念仏について説明している。『往生要集』で引用されている典籍は一六〇部以上で、引用文は九〇〇を超える。源信の仏教知識は尋常ではないが、石田氏の幅広い見識によって、本書は難解な仏教語もかみ砕いて説明されている。

石田氏の略歴を紹介しておく。一九一七年、北海道旭川市の浄土真宗本願寺派慶誠寺の住職・石田慶封の三男として誕生。旧制富山高校を経て、東京帝国大学文学部印度哲学梵文学科を一九四一年に卒業。印度哲学梵文学科に進学する時に父から「仏教を本気で勉強するなら、僧籍は取るなよ」（菅原伸郎「在家で通した石田瑞麿先生」、『大法輪』二〇〇六年三月号）といわれ、一生、在家で通した。宗派にとらわれずに仏典を読むべきだという助言であったのだろう。高校の国語教師や日本女子大学の講師などを経て東海大学教授に就任。そのさいに教授会に出席しないことを条件にしたとされる。後年、石田氏は自分の人生を振り返り「世俗的で重苦しい外的な中傷・重圧もあれば、内的な憂鬱・苦悩」もあったと記している（「わたしの歩いた道」、日本仏教研究会編『日本の仏教』第五号、法藏館、一九九六年）。具体的な内容は記されていないが、ある程度のことは想像できる。いずれにしても、雑事にとらわれずに研究にむかい、多くの研究業績を残すことになった。

石田氏の研究の大きな柱は、浄土思想の研究である。とくに『教行信証入門』（講談社学術文庫、一九八九年）をはじめとして親鸞についての研究書・論文を数多く著した。親鸞の思想はしばしば『歎異抄』を中心に理解されることが多いが、石田氏は親鸞の主著『教行信証』を綿密に読み解き、『歎異抄』をもとに親鸞を理解することの問題点を指摘している。

博士論文は日本の戒律思想にかんするものであり、それをもとにして『日本仏教における戒律の研究』（在家仏教協会、一九六三年）が刊行された。古代の鑑真・最澄から中世にかけての日本仏教戒律思想の展開を論じたこの書籍は、関連領域の著作・論文でしばしば言及されてきた。一九八五年には、「日本仏教における戒律思想等の着実綿密な研究」により仏教伝道協会の仏教伝道文化賞を受けている。石田氏の戒律研究やその研究史上の位置づけについては、前川健一「石田瑞麿――日本仏教研究における戒律への視角」（オリオン・クラウタウ編『戦後歴史学と日本仏教』法藏館、二〇一六年所収）に詳しい。また、本書にも多くの文学作品への言及があるように、『中世文学と仏教の交渉』（春秋社、一九七五年）など幅広く中世の仏教文学の研究もなした。

石田氏の仕事で特筆すべきことは、専門外の人に仏典へのアクセスを容易にする著作を多数刊行したことである。親鸞をはじめとして多くの仏書の現代語訳を著し、また原典を読みやすくした校訂本も刊行している。さらに辞典の仏教語の説明に熱心に取り組み、最終的にひとりで『例文 仏教語大辞典』（小学館、一九九七年）を刊行するに至った。刊行後の一九九九年に逝去。石田氏の研究論文は、『日本仏教思想研究』全五巻（法藏館、一九八六―八七年）にまとまった形で所収されている。本書をきっかけに『往生要集』に関心をもたれた方は、石田氏が校訂した『往生要集』全二巻（岩波文庫、一九九二年）や平凡社東洋文庫として刊行された現代訳『往生要集』全二巻（一九六三―六四年）を手にとっていただき浄土思想の世界の理解を深めていただきたい。

本書のもとになる書籍は、一九六七年にシリーズ「日本の仏教」の第五巻、『悲しき者の救い――往生要集〈源信〉』として筑摩書房から刊行された。その後、この書籍は石田氏によって若干の加筆・修正のうえ、石田瑞麿『日本仏教思想研究』第四巻「浄土教思想」（法藏館、一九八六年）に収録され、その翌年の一九八七年に、改めて選書版として筑摩書房から出版された。本書はこの一九八七年版をもとに刊行するものである。

（宗教学・哲学、大阪教育大学教授）

KODANSHA

本書の原本『悲しき者の救い――往生要集〈源信〉』は一九六七年に筑摩書房から刊行され、一九八七年に『悲しき者の救い――源信『往生要集』』として再刊されました。本書は一九八七年版を底本とし、『日本仏教思想研究』第四巻「浄土教思想」（法蔵館、一九八六年）所収の「『往生要集』――悲しき者の救い」を参照しました。

読解の一助として編集部による補足や注記を〔　〕の形で挿入してあります。なお、今日の感覚では、明らかに差別的な表現がふくまれていますが、本書が執筆された時代環境を考え、また著者が故人であることから、そのままにしてあります。差別の助長を意図するものではありません。

石田瑞麿（いしだ　みずまろ）

1917-99年。東京帝国大学文学部印度哲学梵文学科卒業。文学博士（東京大学）。東海大学教授などを歴任。主な著書に『鑑真』（1958年），『日本仏教における戒律の研究』（1963年），『梵網経』（1971年），『日本仏教史』（1984年），『教行信証入門』（1989年），『日本人と地獄』（1998年），訳書に『親鸞全集』全4巻＋別巻1（1985-87年），『往生要集』（1992年）ほか多数。

講談社学術文庫

定価はカバーに表示してあります。

往生要集入門《おうじょうようしゅうにゅうもん》
悲《かな》しき者《もの》の救《すく》い

石田《いしだ》瑞麿《みずまろ》

2024年2月13日　第1刷発行

発行者　森田浩章
発行所　株式会社講談社
東京都文京区音羽2-12-21 〒112-8001
電話　編集（03）5395-3512
販売（03）5395-5817
業務（03）5395-3615
装　幀　蟹江征治
印　刷　株式会社ＫＰＳプロダクツ
製　本　株式会社国宝社
本文データ制作　講談社デジタル製作

ISBN978-4-06-534843-7

「講談社学術文庫」の刊行に当たって

これは、学術をポケットに入れることをモットーとして生まれた文庫である。学術は少年の心を養い、成年の心を満たす。その学術がポケットにはいる形で、万人のものになることは、生涯教育をうたう現代の理想である。

こうした考え方は、学術を巨大な城のように見る世間の常識に反するかもしれない。また、一部の人たちからは、学術の権威をおとすものと非難されるかもしれない。しかし、それはいずれも学術の新しい在り方を解しないものといわざるをえない。

学術は、まず魔術への挑戦から始まった。やがて、いわゆる常識をつぎつぎに改めていった。学術の権威は、幾百年、幾千年にわたる、苦しい戦いの成果である。こうしてきずきあげられた城が、一見して近づきがたいものにうつるのは、そのためである。しかし、学術の権威を、その形の上だけで判断してはならない。その生成のあとをかえりみれば、その根は常に人々の生活の中にあった。学術が大きな力たりうるのはそのためであって、生活をはなれた学術は、どこにもない。

開かれた社会といわれる現代にとって、これはまったく自明である。生活と学術との間に、もし距離があるとすれば、何をおいてもこれを埋めねばならない。もしこの距離が形の上の迷信からきているとすれば、その迷信をうち破らねばならぬ。

学術文庫は、内外の迷信を打破し、学術のために新しい天地をひらく意図をもって生まれた。文庫という小さい形と、学術という壮大な城とが、完全に両立するためには、なおいくらかの時を必要とするであろう。しかし、学術をポケットにした社会が、人間の生活にとってより豊かな社会であることは、たしかである。そうした社会の実現のために、文庫の世界に新しいジャンルを加えることができれば幸いである。

一九七六年六月　　　　野間省一

宗教

827
鎌田茂雄著
華厳《けごん》の思想

限りあるもの、小さなものの中に、無限なるもの、大いなるものを見ようとする華厳の教えは、日本の茶道や華道の中にも生きている。日本人の心に生き続ける華厳思想を分り易く説いた仏教の基本と玄理。

877
井筒俊彦《いづつとしひこ》著（解説・牧野信也）
マホメット

沙漠を渡る風の声、澄んだ夜空に縺れて光る星々。世に無道時代と呼ばれるイスラーム誕生前夜のアラビアの美しい風土と人間から説き起し、沙漠の宗教の誕生を描く。世界的に令名高い碩学による名著中の名著。

902
石田瑞麿《みずまろ》著
教行信証《きょうぎょうしんしょう》入門

浄土の真実の心を考えるとき、如来の恵みである浄土に生まれる姿には、真実の教えと行と信とさとりがあるという。浄土真宗の根本をなす親鸞の「教行信証」を諄々と説きながらその思想にせまる格好の入門書。

919
鎌田茂雄著
維摩経《ゆいまぎょう》講話

維摩経は、大乗仏教の根本原理、すなわち煩悩即菩提《ぼんのうそくぼだい》を最もあざやかにとらえているといわれる。在家の信者の維摩居士が主役となって、出家者の菩薩や声聞を相手に、生活に即した教えを活殺自在に説き明かした。

944
鏡島元隆《かがみしまげんりゅう》著
道元禅師語録《どうげんぜんじごろく》

仏法の精髄を伝えて比類ない道元禅師の語録。道元の思想と信仰は、「正法眼蔵」と双璧をなす「永平広録」に最も鮮明かつ凝縮した形で伝えられている。思慮を傾けた高度な道元の言葉を平易な現代語訳で解説。

980
道元著／中村璋八他訳
典座《てんぞ》教訓《きょうくん》・赴粥飯法《ふしゅくはんぽう》

典座とは、禅の修行道場における食事を司る役をいい、赴粥飯法とは、僧堂に赴いて食事を頂く作法をいう。両者の基本にあるものこそ真実の仏道修行そのものと説く。食の仏法の平等一如を唱えた道元の食の基本。

《講談社学術文庫　既刊より》

宗教

1239
窪 徳忠著
道教の神々

道教の神々の素顔に迫る興味尽きない研究書。日本の習俗や信仰に多大の影響を及ぼした道教。鍾馗や竈の神など、中国唯一の固有宗教といわれる道教の神々を紹介。道教研究に新局面を拓いた著者の代表作。

1294
脇本平也著（解説・山本哲雄）
宗教学入門

人間生活に必要な宗教の機能と役割を説く。宗教学とは何か。信仰や伝道とは無縁の立場から世界の多宗教を客観的に比較考察。宗教を人間の生活現象の一つとして捉え、その基本知識を詳述した待望の入門書。

1334
慧立《えりゅう》・彦悰《げんそう》著／長澤和俊訳
玄奘三蔵《げんじょうさんぞう》 西域・インド紀行

天竺の仏法を求めた名僧玄奘の不屈の生涯。七世紀、大唐の時代に中央アジアの砂漠や天に至る山巓を越えて聖地インドを目ざした求法の旅。更に経典翻訳の大事業に生涯をかけた玄奘三蔵の最も信頼すべき伝記。

1422
田上太秀《たがみたいしゅう》著（解説・湯田 豊）
仏陀のいいたかったこと

釈尊の言動のうちに問い直す仏教思想の原点。霊魂の否定、宗教儀礼の排除、肉食肯定等々、釈尊の教えは日本仏教と異なるところが多い。釈尊は何を教えどこへ導こうとしたのか。仏教の始祖の本音を探る好著。

1441
夢窓国師《むそうこくし》著／川瀬一馬校注・現代語訳
夢中問答集

仏教の本質と禅の在り方を平易に説く法話集。悟達明眼の夢窓が在俗の武家政治家、足利直義の問いに懇切丁寧に答える。大乗の慈悲、坐禅と学問などについて、欲心を捨てることの大切さと仏道の要諦を指し示す。

1444
梅原 猛全訳注（解説・杉浦弘通）
歎異抄

大文字版

流麗な文章に秘められた生命への深い思想性。悪人正機、他力本願を説く親鸞の教えの本質とは何か。親鸞の苦悩と信仰の極みを弟子の唯円が書き綴った聖典を、詳細な語釈、現代語訳、丁寧な解説を付し読みとく。

宗教

2062
密教経典 大日経・理趣経・大日経疏・理趣釈
宮坂宥勝訳注

大乗の教えをつきつめた先に現れる深秘の思想、宇宙の真理と人間存在の真実を追究する、その精髄とはなにか。詳細な語釈を添え現代語訳を施した密教の代表的経典をとおして、その教義と真髄を明らかにする。

電P

2102
仏教誕生
宮元啓一著

古代インドの宗教的・思想的土壌にあって他派の思想との対立と融合を経るなかで、どんな革新性をもって仏教は生まれたのか？　そこで説かれたのは「慈悲」と「救済」だったのか？　釈尊の思想の本質にせまる。

2152
ユダヤ教の誕生
荒井章三著

放浪、奴隷、捕囚。民族的苦難の中で遊牧民の神は成長し宇宙を創造・支配する唯一神に変貌する。キリスト教やイスラーム、そしてイスラエル国家を生んだ「奇跡の宗教」誕生の謎に『聖書』の精緻な読解が挑む。

電P

2185
ヨーガの哲学
立川武蔵著

世俗を捨て「精神の至福」を求める宗教実践は「根源的統一への帰一」へと人々を導く——。チャクラ、調気法、坐法、観想法等、仏教学の泰斗が自らの経験を踏まえてヨーガの核心をときあかす必読のヨーガ入門。

電P

2191
インド仏教思想史
三枝充悳著

古代インドに仏教は誕生し、初期仏教から部派仏教、そして大乗仏教へと展開する。アビダルマ、中観、唯識、仏教論理学、密教と花開いた仏教史に沿って、基本思想とその変遷、重要概念を碩学が精緻に読み解く。

電P

2197
往生要集を読む
中村　元著

日本人にとって地獄や極楽とは何か。元来、インド仏教にはなかったこの概念が日本に根づくのには『往生要集』の影響があった。膨大なインド仏教原典と源信の思想を比較検証し、日本浄土教の根源と特質に迫る。

宗教

2321
土岐健治著
死海写本
「最古の聖書」を読む

さまざまな解釈を生み、世界を騒がせてきた「最古の聖書」には何が書かれているのか。書き残したクムラン宗団とはいかなる思想を持っていたのか……。膨大な研究成果をコンパクトにまとめた、最良の解説書。

2329
荒井　献著
ユダとは誰か
原始キリスト教と『ユダの福音書』の中のユダ

イエスへの裏切りという「負の遺産」はどう読み解くべきなのか。ユダを「赦し」と「救い」から排除した原始キリスト教における思想的・政治的力学とはなにか。隠された真のユダ像を追った歴史的探究の成果。

2358
横山紘一著
唯識の思想

唯《た》だ心だけが存在する——。不可思議にして深遠な心の構造を観察・分析し、そのありよう＝八種の識を解き明かす唯識とは何か。この古くて新しい、大乗仏教の普遍的な根本思想の世界へといざなう最良の入門書。

2401
加藤　隆著
『新約聖書』の誕生

イエス死後の三百年間に何が起きたのか。「後発」で「特殊」な文書集が権威となりえた秘密は何か。教団主流派が「異端」活動の果実を巧みに取り入れ、聖なる「テキスト共同体」を作り出すまでを明らかにする。

2404
八木谷涼子著
キリスト教の歳時記
知っておきたい教会の文化

世界中のキリスト教会が備えている一年サイクルの暦。イエスやマリアに関わる日を中心に、諸聖人を記念した祝祭日で種々の期節が彩られる。クリスマス、イースターをはじめ、西方・東方ほか各教派の祝祭日を詳述。

2432
倉田百三《ひゃくぞう》著（解説・稲垣友美）
新版 **法然と親鸞の信仰**

信仰は思想ではない。生きることそのものなのだ！『出家とその弟子』で知られる求道的文学者が、「一枚起請文」と「歎異鈔」の世界に深く分け入り、情熱をこめて信仰と人生を語り説く。感動の仏教入門。

《講談社学術文庫　既刊より》

仏教の古典

555

凝然大徳《ぎょうねんだいとく》著／鎌田茂雄全訳注

八宗綱要《はっしゅうこうよう》

仏教を真によく知るための本

仏教の教理の基本構造を簡潔に説き明かした名著。凝然大徳の『八宗綱要』は今日なお仏教概論として最高のものといわれている。その原文に忠実に全注釈を加えた本書は、まさに初学者必携の書といえる。

679

友松圓諦著（解説・奈良康明）

法句経《ほっくきょう》

法句経は、お経の中の「論語」に例えられる釈尊の人生訓をしるしたお経。宗教革新の意気に燃え、人間平等の人格主義を貫く青年釈尊のラジカルな思想を、四百二十三の詩句に謳いあげた真理の詞華集である。

944

鏡島元隆《かがみしまげんりゅう》著

道元禅師語録《どうげんぜんじごろく》

仏法の精髄を伝えて比類ない道元禅師の語録。道元の思想と信仰は、「正法眼蔵」と双璧をなす「永平広録」に最も鮮明かつ凝縮した形で伝えられている。思慮を傾けた高度な道元の言葉を平易な現代語訳で解説。

980

道元著／中村璋八他訳

典座教訓《てんぞきょうくん》・赴粥飯法《ふしゅくはんぽう》

典座とは、禅の修行道場における食事を司る役をいい、赴粥飯法とは、僧堂に赴いて食事を頂く作法をいう。両者の基本にあるものこそ真実の仏道修行そのものと説く。食の仏法の平等一如を唱えた道元の食の基本。

1334

慧立《えりゅう》・彦悰《げんそう》著／長澤和俊訳

玄奘三蔵《げんじょうさんぞう》

西域・インド紀行

天竺の仏法を求めた名僧玄奘の不屈の生涯。七世紀、大唐の時代に中央アジアの砂漠や天に至る山巓を越えて聖地インドを目ざした求法の旅。更に経典翻訳の大事業に生涯をかけた玄奘三蔵の最も信頼すべき伝記。

1441

夢窓国師《むそうこくし》著／川瀬一馬校注・現代語訳

夢中問答集

仏教の本質と禅の在り方を平易に説く法話集。悟達明眼の夢窓が在俗の武家政治家、足利直義の問いに懇切丁寧に答える。大乗の慈悲、坐禅と学問などについて、欲心を捨てることの大切さと仏道の要諦を指し示す。

電 P

仏教の古典

1444
歎異抄
梅原 猛全訳注（解説・杉浦弘通）
大文字版
流麗な文章に秘められた生命への深い思想性。悪人正機、他力本願を説く親鸞の教えの本質とは何か。親鸞の苦悩と信仰の極みを弟子の唯円が書き綴った聖典を、詳細な語釈、現代語訳、丁寧な解説を付し読みとく。電P

1445
栄西　喫茶養生記
古田紹欽全訳注
大文字版
日本に茶をもたらした栄西が説く茶の効用。中国から茶の実を携えて帰朝し、建仁寺に栽培して日本の茶の始祖となった栄西が著わした飲茶の効能の書。座禅時に眠けをはらう効用から、茶による養生法を説く。

1479
般若心経
金岡秀友校注
大文字版
「般若心経」の法隆寺本をもとにした注釈書。「般若心経」の経典の本文は三百字に満たない。本書は法隆寺本梵文と和訳、玄奘による漢訳を通して、その原意と内容に迫る。仏教をさらに広く知るための最良の書。電P

1622
正法眼蔵随聞記
山崎正一全訳注
道元が弟子に説き聞かせた学道する者の心得。修行者のあるべき姿を示した道元の言葉を、高弟懐奘が克明に筆録した法語集。実生活に即したその言葉は平易で懇切丁寧である。道元の人と思想を知るための入門書。

1645～1652
正法眼蔵（一）～（八）
道元著／増谷文雄全訳注
禅の奥義を明かす日本仏教屈指の名著を解読。魂を揺さぶる迫力ある名文で仏教の本質を追究した『正法眼蔵』。浄土宗の人でありながら道元に深く傾倒した著者が繰り返し読み込み、その真髄は何かに肉迫する。

1768
道元「小参《しょうさん》・法語・普勧坐禅儀《ふかんざぜんぎ》」
大谷哲夫全訳注
仏仏祖祖の家訓をやさしく説く小参。仏道の道理を懇切に述べた法語。只管打坐、坐禅の要諦と心構えを記した普勧坐禅儀。真剣勝負に生きた道元の思想を漢文体の名文で綴った『永平広録』巻八を丁寧に解説する。